佛陀之心

THE HEART OF THE BUDDHA'S TEACHING

一行禪師 *Thich Nhat Hanh*——著
方怡蓉——譯

目次

第一部

四聖諦

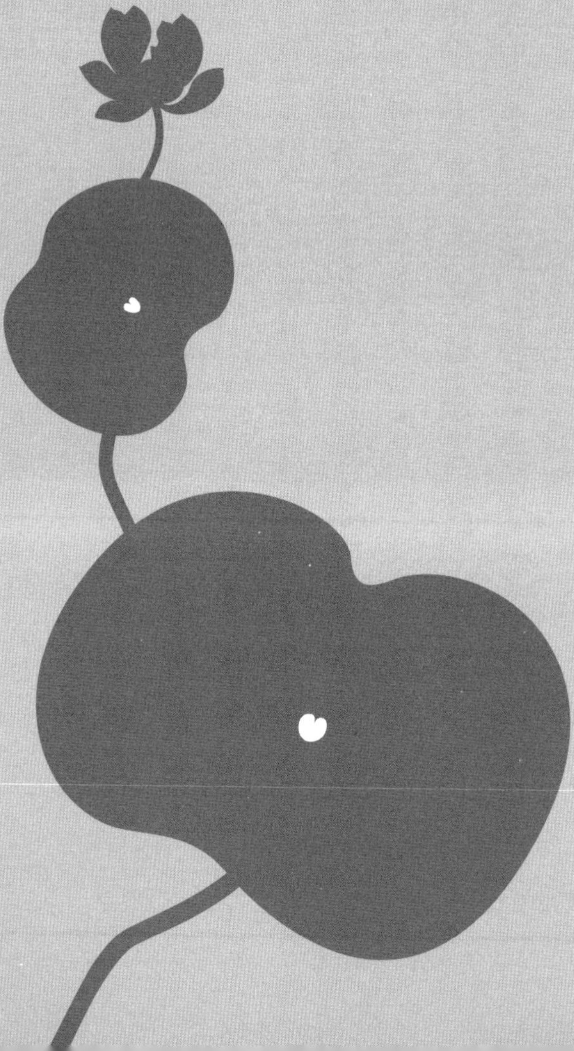

第一章

進入佛陀之心

佛陀不是神，而是如你、我一般生而為人，且同樣受苦。若我們敞開心胸，走向佛陀，他會以充滿慈悲的雙眼注視著我們說：「因為你心中有苦，所以你就有可能進入我的心。」

維摩詰居士說：「因為世界病了，所以我生病；因為人們受苦，所以我必須受苦。」❶佛陀也曾如此說過。別以為你不快樂、心中有苦痛，所以就不能走向佛陀；正因為你心中有痛，才有可能與佛陀溝通。你、我的苦是我們進入佛陀之心的基本條件，也是佛陀進入我們心中的基本條件。

在四十五年的弘法中，佛陀一再強調：「我的教導唯有苦與苦的轉化。」當我們辨識且承認自己的苦時，佛陀——我們內在的佛陀——將會看著這苦，找出導致苦的原因，然後開出一帖行動方針之藥，這藥能將苦轉變為平靜、喜悅與解脫。苦，是佛陀用以自我解脫的憑藉，也是我們藉以解脫自在的憑藉。

苦海無邊，回頭是岸。你內在的苦難種子可能有很大的力量，但別等到沒有痛苦時才允許自己快樂。庭院中有棵樹生病時，你必須照顧它，但也別忽略整片生機盎然的樹林，即使你心中有苦，還是能享受生命中許多令人驚嘆的事——美好的夕陽、兒童的微笑與繁花綠樹。光是承受苦還不夠，請別自囚於苦之中。

若你曾體驗飢餓，就會知道享用食物是一種奇蹟；若曾受凍寒之苦，就曉得溫暖的可貴；曾受過苦，才會知道如何對現在一些構成天堂的要素心存感激；倘若你陷於自身的苦，將會錯過天堂。別漠視自己的苦，但也別忘記去享受生命中的奇蹟，這不僅為自己，也為眾生的利益。

年輕時，我寫下這首詩，當時我以一顆傷痕累累的心契入佛心：

我的青春
是一顆青澀的梅子。
你在它身上留下了齒痕，
那些齒痕猶自顫動。
我永遠記得，
永遠記得。

自從學會如何愛你，
我的靈魂之門就一直敞開著，

任由風自四面八方吹入。
實相呼喚著變異；
覺知的果實已然成熟，
而開啟的心門永不可能再緊閉。
烈火吞噬這個世紀，
山嶺森林留有烈燄肆虐的印記。
風在我耳邊呼嘯，
穹蒼正在暴風雪中劇烈震盪。

嚴冬的傷痕靜靜地躺著，
雖已不見冰封的刀刃，
卻徹夜痛苦不堪，
輾轉反側，無法入眠。②

我在烽火連天的時代中成長，小孩、成人、價值觀、整個國家等周遭的一切都遭到摧毀，年輕的我苦不堪言。覺知之門一旦開啟，你就無法再關上。戰爭在心中留下的傷痕尚未完全平復，我常在夜裡清醒地躺著，以正念的呼吸，擁抱著我的同胞、國家和整個地球。

沒有苦，你就無法成長；沒有苦，你就無法獲得該有的平靜與喜悅。請別逃避自己的苦；擁抱它、珍惜它，到佛陀身邊，和他並肩而坐，並讓他看看你的痛苦。他會滿懷慈悲與正念地注視你，讓你知道擁抱自身之苦與深入觀照它的方法。有了智慧與慈悲，就能治癒心中和世界的創傷。佛陀將苦稱為「聖諦」，因為我們的苦能讓我們看到解脫之道。請擁抱你的苦，讓它對你顯示通往平靜之路。

第二章

初轉法輪

悉達多．喬達摩（Siddhartha Gautama）在二十九歲時出家，為自己和其他人尋求滅苦之道。他跟隨許多老師學習禪定，而在修行六年後，坐於菩提樹下，誓言不達覺悟絕不起身。他終夜禪坐，當晨星初升時，他豁然大悟而成為充滿智慧與慈愛的佛陀。在接下來的四十九天中，他享受證悟所帶來的安詳，然後緩緩地走到鹿野苑（Sarnath），與先前共修的五位苦行者分享他的智慧。

當那五人看到佛陀前來時，都感到不自在，心想悉達多曾棄他們而去。可是他看來如此容光煥發，便不由自主地表示歡迎，他們為佛陀洗腳，並奉上飲水。佛陀說：「親愛的朋友們！我已深入地看見每件事物都必須與其他一切相互依存，沒有任何事物能獨自存在。我已看見一切眾生都具有覺悟的本質。」他表示願意多說一些，但那五人不知是否該相信他的話，所以佛陀問他們：「我曾欺騙過你們嗎？」他們知道佛陀從未如此，於是同意接受他的教導。

佛陀接著教導四聖諦：苦（苦的存在）、集（苦的產生）、滅（重獲安樂的可能性）、道（通達安樂的八聖道)。聽聞四聖諦之教後,五比丘之一的憍陳如(Kondañña)對此四聖諦生起清淨無垢的法眼❸。佛陀觀察到這一點而讚嘆:「憍陳如已了知法!憍陳如已了知法!」於是,從此以後憍陳如就被稱為「了知者」❹。

佛陀接著宣布:

親愛的朋友們!我以人、天、婆羅門、沙門、魔羅⑤為證而對你們說:若我不曾親身體證對你們所說的一切,就不能宣稱自己是離苦解脫的覺悟者。因我本身已確認苦、了知苦,確認苦的起因,去除苦因,證實安樂的存在,獲得安樂,確認通達安樂之道,抵達此道的盡頭,證得全然的解脫,所以我現在昭告大眾:我是解脫者。

此時,大地震動,宇宙間一切天、人與其他眾生都異口同聲地說,在地球上有個覺悟者誕生了,並已轉動智慧與慈愛之道的法輪。這段教示記載於《轉法輪經》(*Dhamma Cakka Pavattana Sutta*)⑥,從那時起,至今已過了兩千六百年,法輪仍持續轉動,為了眾生福祉而讓法輪常轉,就要靠我們現在這一代了。

這部經有三項特點,其中第一點是有關「中道」的教法。佛陀希望他的五個朋友能夠擺脫「苦行是唯一的正確修行」這種觀念的束縛;若毀了健康,就無足夠的力量可以證道——這是他直接的體會。此外,他說另一個需要避免的極端,是沉溺於感官欲樂——被色欲掌控，追逐名利，飲食無度，睡眠過度，或汲汲營營於財物的蓄積。

第二點是有關「四聖諦」的教法。這項教說不但在佛世時很有價值，在這個時代與未來千秋萬世也是如此。

第三點是關於入世。佛陀的教法並非要逃避人生，而是要幫助我們盡可能徹底地和自己、世間連繫起來。八聖道包括正語（正確的語言）和正命（正確的謀生方式），這些教法適用於必須與人溝通及賺錢謀生的世人。

《轉法輪經》充滿了喜悅與希望，它教導我們如實地辨識苦，以及將苦轉化為正念、慈悲、安詳與解脫。

第三章

四聖諦

體證完全、圓滿的覺悟（samyak sambodhi，正等正覺）後，佛陀必須找到適當的言詞來分享他的洞見；他已經有了水，但得找到像四聖諦、八聖道這樣的罐子來盛水。四聖諦是佛陀教法的精華，佛陀持續宣說這些真理，直到大般涅槃（mahaparinirvana）❼為止。

「四妙諦」或「四聖諦」是Four Noble Truths的中譯。若我們擁抱、深觀自己的苦，苦就是神聖崇高的，否則它毫不神聖，我們只會淹沒在自己的苦海中。針對truth一字，中國人使用「言」、「帝」兩字組成的「諦」——任何人都不能與帝王之言爭辯。這四諦不是用來爭辯，而是用來修行及體證的。

第一聖諦是**苦**（dukkha）。「苦」這個字的中文本義是「苦澀」；快樂是甜蜜的，痛苦是苦澀的。每個人都承受某種程度的苦，我們的身、心多少都會不舒服。我們必須辨識、承認苦的存在，必須接觸苦，要做到這點，我們可能需要老師與修行上的善友（僧團）提供幫助。

第二聖諦是**苦之集**（samudaya），亦即苦的起因、根源、本質、產生或生起。接觸自身的苦之後，我們需要深觀苦，以看清苦如何形成，我們需要辨識與確認所攝取的、會導致自己受苦的心靈或物質的食物。

第三聖諦是**止息**（nirodha）**苦的產生**，憑藉的方法是避免做出讓自己受苦的行為。這真是好消息！佛陀不否認苦的存在，但同樣也不否認喜悅、快樂的存在。要是你以為佛教說：「一切皆苦，對此我們束手無策。」那正違背了佛陀的本意，他教導我們如何辨識、證知苦的存在，但是也教導苦的止息。倘若苦不可能止息，修行又有何用？第三聖諦說的即是療癒的可能性。

第四聖諦是**道**（marga），它讓我們避免做出讓自己受苦的行為，這是我們最需要的道路，佛陀稱之為「八聖道」，中國人譯為「八正道」——正見、正思惟、正語、正業、正命、正精進、正念及正定⑧。

【圖一】 四聖諦與八聖道

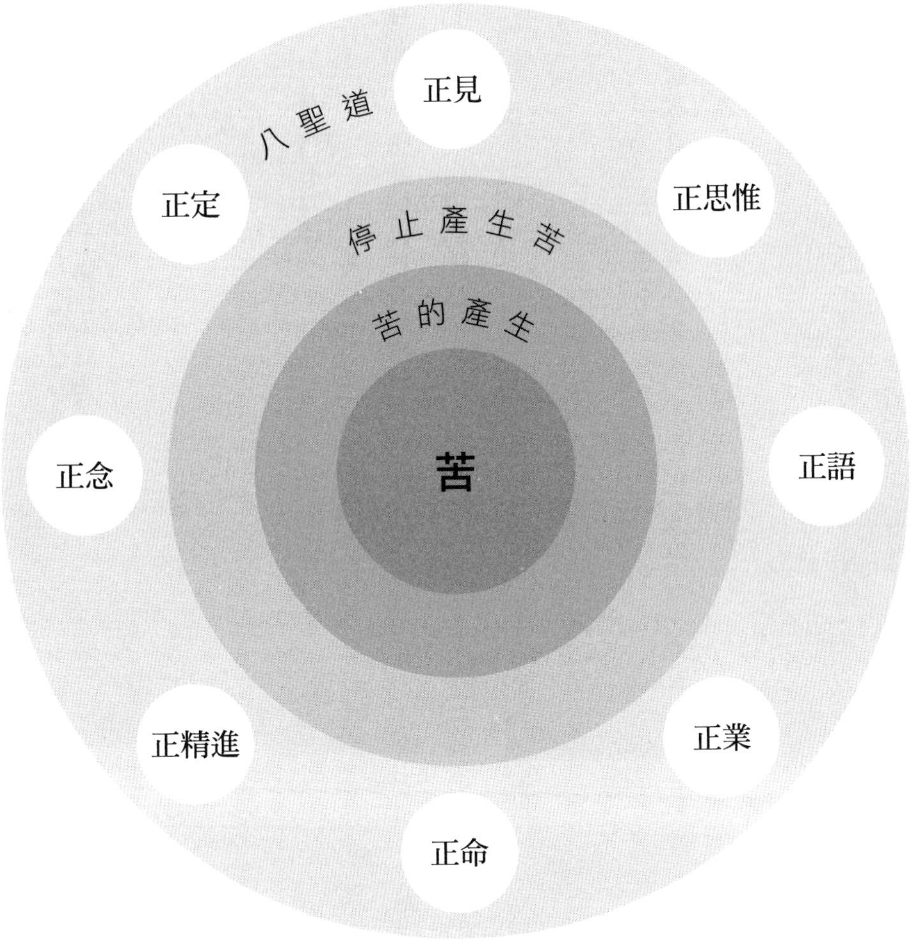

第四章

理解佛陀的教法

敞開心胸，接納法雨

聽聞佛法開示或研讀經典時，我們唯一要做的是維持開放的態度。通常聽到或讀到新觀點時，我們只是拿它與自己的觀念相比較，若相同就接受，並說它是正確的，反之則是錯誤的，無論是哪種情況，我們都學不到東西。若以一顆開放的心閱讀或聽聞，法雨將會滲入我們的心田中⑨。

> 濛濛春雨滲透我性靈的土壤，
> 經年深埋於土的種子在微笑。⑩

閱讀或聽聞時切勿用力過度，要效法大地，在下雨時，它只是敞開心胸接納雨水。讓法雨進入、滲透深埋在你心識中的種子吧！老師無法將真理交給你，真理已在你心中，你只需自我開放，敞開身、心、靈，使老師的教導滲透你了知與覺悟的種子。允許那些語詞進入你的心中，土壤與種子自然會完成接下來的工作。

辨識真正的佛法

佛陀教法的傳承可分為三條支流——原始佛教、部派佛教及大乘佛教。原始佛教包含佛陀在世時的所有教示。佛陀大般涅槃後一百四十年，僧團分裂為二，一是**大眾部**（Mahasanghika，字義是「多數」，意指希望改革者），一是**上座部**（Sthaviravada，字義是「長老派」，意指反對大眾部所提倡之改革的人）。又過了一百年，上座部分裂為兩個分支——**說一切有部**（Sarvastivada，「宣稱一切存在的學派」）與**分別說部**（Vibhajyavada，「區辨分別的學派」）。阿育王（King Ashoka）所支持的分別說部盛行於恆河河谷，而說一切有部則北行至喀什米爾（Kashmir）。

從佛陀在世到入滅後四百年間，其教法只憑口傳；在此之後，分別說部的分支之一，亦即**斯里蘭卡赤銅鍱部**（Tamrashatiya，「身著紅棕色僧袍者」）的比丘，開始考慮將佛經寫在貝葉上，而這項工作又過了一百年才展開，據說此時只有一位比丘記得所有的聖典，而他不免有些自負，其他比丘得好言相勸，請他誦出經典，他們才能加以書寫記錄。聽到這裡，我們可能會感到些許不安，因為我們知道一個自負的比丘或許並非傳承佛陀教法的最佳媒介。

即使在佛世時，也有像阿梨吒（Arittha）比丘之類的人曲解、誤傳佛法⑪。另外，歷經幾世紀以來，記誦經典的比丘中，顯然有人忘記或更動了某些字句，或甚至不了解佛典的究竟深意。結果是，佛陀的教法中有些早在有文字記載之前就被扭曲了。例如，在圓滿證悟前，佛陀嘗試過種種不同的方法壓抑自己的心，但徒勞無功。他曾在某部經中敘述如下：

我心想，我何不咬緊牙關，舌抵上顎，以心抑止心呢？接著，如同鬥士抓著氣小力弱對手的頭或肩膀，為求支配、控制對方，必須不斷地將他壓制在地，一刻也不能鬆手。我亦如是咬緊牙關，舌抵上顎，以心抑止心。此時，我滿身大汗，雖然氣力不虞匱乏，雖然維持正念，不失正念，但我身、心不安定；如此精進讓我疲憊不堪，但是色身的苦受無法制伏我心。⑫

佛陀顯然在告訴我們，別以這種方式修行，但這段經文後來被插入其他經典中，所表達的意義卻完全相反：

正如鬥士抓著氣小力弱對手的頭或肩膀，支配、控制對方，不斷地將他壓制在地，一刻也不鬆手，禪修以停止貪、瞋等不善念頭的比丘亦復如是，當這些念頭不斷生起時，必須咬緊牙關，舌抵上顎，盡全力以己心制服、戰勝己心。⑬

佛法的誤植，並非僅此一例，十二緣起的教法即是另一個例證（詳見第三部第十一章）。為了解釋生死輪迴，十二緣起說被植入許多原本不該出現此說的經典——其實這些經典是關於生死的超越，而非生死的流轉。十二緣起說竄入《迦旃延經》（*Katyayanagotra Sutra*），亦即《中道經》（*Discourse on the Middle Way*）。

我們往往需要研讀一些經典並相互對照，以了解何者為真正的佛法，就如同串起珍貴的珠寶製成項鍊，倘若我們能以佛法整體觀點看待每部經，就不會執著於任何一種教法。比較研究並深入觀察經典的意義，我們就能推斷何者是有助修行的可靠教法，或何者是可能有誤傳之虞的教法。

當佛經在斯里蘭卡以巴利語書寫記錄時，佛教中共有十八或二十個部派，每個部派都有自己的佛法校定本，這些部派並未分裂佛法，而是猶如同一件衣服中的幾條紗線，其中有些校定本留存至今，巴利藏經包含源於赤銅鍱部的校定本，漢傳和藏傳藏經則包含其他若干部派的校定本，尤以說一切有部為要。赤銅鍱部和說一切有部的藏經，幾乎同時以文字書寫記錄下來，前者以巴利語書寫，後者則使用梵文，其他部派則以其他印度語和普拉克里特語（Prakrit）⓮記錄成文。在斯里蘭卡以巴利語記錄的經典稱為「南傳」（又稱「大寺派傳承」Mahaviharavasin tradition）；說一切有部的經典稱為「北傳」，只以梵文斷簡殘篇存世，所幸北傳經典有漢譯與藏譯，這些譯本有許多流傳至今。我們必須謹記，佛陀本身並不說巴利語、梵語或普拉克里特語，根據推測，他當時使用的語言近似巴利語，也有人認為那是「半摩揭陀語」(Ardhamagadhi),不過並沒有以佛陀自身母語所記錄的佛經。

藉由比對巴利與漢傳藏經中的對應經典,可看出哪一些教法在佛教部派分裂之前就已出現。當兩種版本的藏經有相同經典時,我們可推斷在分裂前這些經典的內容必定早已存在;而版本有所不同時,則可推測其中之一,甚或兩者,都可能是不正確的。某些經典北傳保存得較為完善;而其他一些經典,則是南傳保存得較為良好。這是有兩種傳承可互相比較的好處。

佛法的第三條支流「大乘佛教」,興起於西元前一或二世紀。⑮ 部派佛教時期,有些比丘開始過著遺世獨立的生活,而在家居士只關心供養、護持出家眾。因此,當時在佛教僧、俗二眾之間,興起普及佛教的想法,進而促使大乘思想萌芽。這個運動旨在深入佛教思想的根源,恢復菩提心(慈愛之心)的巨大能量,也讓佛較重新入世——此即佛教大乘化運動。

這三條支流彼此互補。原始佛教不可能記下佛陀所有的教導,因此有必要由部派佛教與大乘佛教來補足久被遺忘或忽略的教法。如同所有傳統,佛教也需要定期自我更新,才能存續與成長,佛陀總是能找到表達他覺悟內容的新方法。從佛世以來,佛教徒們也一直開發新的法門,向眾生傳播、分享肇始於鹿野苑的佛法。

教法如同指月之指

請記得：一部經典或一場佛法開示，並不等同對「法」的洞見，或是「法」本身，它只是運用語言文字與概念來呈現洞見的一種媒介。當你使用地圖前往巴黎時，一旦到達目的地，地圖就可棄而不用，開始好好地享受身在巴黎的樂趣。若將所有時間都花在手中的地圖，若陷入佛陀表達的語言文字與概念，你會錯過實相。佛陀曾多次表示：「**我的教法如同指月之指，別執指為月。**」

在大乘佛教傳統中有此一說：「依文解義，三世佛冤；離經一字，還同魔⑯說。」⓱經典是修行不可或缺的指南，但我們必須謹慎閱讀，運用自己的智慧並借助於老師和僧團，以了解經典真正的含意，並將之付諸修行。閱讀經典或任何宗教典籍後，我們應該會覺得更輕鬆，而不是更沉重。佛教的教導原本就是為了喚醒我們真正的自我，而非僅為了充實知識的庫藏。

佛陀有時會拒絕回答人們所提出的問題。哲學家婆嗟種（Vatsigotra）曾請教佛陀：「有『我』嗎？」而佛陀一語不發。婆嗟種繼續追問：「那麼你的意思是沒有『我』嗎？」但佛陀依舊默然。最後，婆嗟種離開了。佛陀的侍者阿難覺得困惑：「世尊！您常教導『無我』，為何剛才不如此回答婆嗟種的問題呢？」佛陀告訴阿難，他不回答是因為婆嗟種所追求的是一套理論，而非去除障礙的方法⑱。另外，有次佛陀聽見一群弟子正在討論他是否說過某些內容，他就告訴他們：「四十五年來，我未曾說過一個字。」他不希望弟子陷入語言文字或概念中，即便是他自己所說的話或概念也是如此。

當考古學家發現一尊破損的雕像時，會邀集擅長修復的雕塑家共同研究那個時期的藝術，然後再進行修補。我們也必須這麼做，倘若我們想要對佛陀的教導有全面性的了解，那麼在某部分遺失或有所增補時，就必須加以辨識，並補救受損之處。

第五章

一切皆苦嗎？

佛陀並未教導「三苦」

若不注意自己的修行方式，很可能會將老師的話變成一種教條或意識型態。自從佛陀說第一聖諦是「苦」以來，許多優秀的佛弟子運用其善巧以證明地球上的一切皆苦，「三苦」之說就是其中一種嘗試，但那並非佛陀的教法。

第一種苦是「**苦苦**」（dukkha dukkhata），即與苦受相關的苦，例如牙疼、發脾氣，或在某個冬日感到酷寒等。第二種是「**行苦**」（samskara dukkhata，聚合之物的苦），任何聚合而成之物終將壞散，因此所有合成物都稱為「苦」，甚至像山川日月這些尚未衰敗的事物也是苦，因為它們最後都會壞滅而造成苦。當你相信一切聚合物皆是苦時，你怎麼可能找到喜悅？第三種是「**壞苦**」（viparinama dukkhata，與變化有關的苦），今天我們的肝臟可能很健康，可是一旦年紀大了，它就可能讓我們受苦。歡慶喜悅並無意義，因為喜悅早晚會變成痛苦。苦，是籠罩一切的烏雲；喜悅不過是假象，唯有苦才是真實的。

兩千多年以來，佛弟子一再宣稱，佛陀教導一切感知的對象都是苦，包括所有物理現象（桌子、太陽、月亮）、生理現象，以及所有善、不善、非善非不善的心理狀態。佛陀逝世後一百年，修行者已在複誦以下的偈語了：「此是苦，生命是苦，一切皆苦。」他們認為，要獲得第一聖諦的洞見就得重複此偈語，根據一些註釋者所說，假如不經常複誦，就無法證得四聖諦。⑲

當今有很多人機械式地稱念佛號或做類似的修行，這些人深陷於形式、語言文字與概念中，而未運用自己的智慧來接受及修習佛法。不用智慧，也沒有老師與道友讓你明白正確的修行之道，這樣的修行會很危險。複誦「生命是苦」這類的語句，可能有助你注意到自己即將對某事產生執著，但無益於了解苦的真正本質，也無法揭示佛陀為我們所指出的道路。

以下這段對話重複出現在許多經典中：

「諸比丘！有為法（依賴種種條件而存在的事物）是常，還是無常？」

「世尊！有為法是無常。」

「若事物是無常，那麼它們是苦，還是樂？」

「世尊！是苦。」

「若事物是苦，我們能否說它們是『我』或『我所有』？」

「不能，世尊。」

當我們讀到這段經文時，可能會認為佛陀提出一則理論：「諸法皆苦」，而我們必須在自己日常生活中去證實它。然而，同樣在這些經典的其他部分，佛陀則說他只要我們在苦現起時辨認它，未現起時則辨認樂。到了佛陀的開示以文字書寫記錄時，視一切為苦的修行必然已相當普遍，因為以上所引的經文，比論苦之集與滅苦之道的教法更為常見。

「三法印」是指無常、無我、涅槃

「無常故苦，苦故無我」的論證是不合邏輯的。當然，倘若相信某件事物是「常」或有「我」，一旦發現它是無常且無獨立的自我時，我們可能會受苦。但在很多經典中，視苦、無常、無我為「三法印」，據說佛陀的一切教法都具有「三法印」。將苦和無常、無我放在同一層次，這是個錯誤；無常和無我「放諸四海皆準」，兩者是一切事物的「標誌」（mark）[20]，但苦不是。我們不難看出桌子是無常的，而且並沒有一個獨立於所有其他非桌子要素（例如木材、雨水、陽光、家具製造商等）的自我，但桌子是苦嗎？只有當我們將恆常或獨立的特性強加於桌子時，桌子才會讓我們受苦；當我們執著於某張特定的桌子時，使我們受苦的不是那張桌子，而是我們的執著。我們承認憤怒是無常的，也承認無獨立的自我，且充滿苦；但要說一張桌子或一朵花充滿苦則很奇怪。佛陀教導無常、無我，是為了幫助我們別被事相所束縛。

「三苦」的理論是為了證明苦的普遍性所作的一種嘗試，那麼生命中還留下什麼喜悅呢？我們在涅槃中發現了它。佛陀在若干經典中說，涅槃（看法與概念完全泯滅的喜悅）才是「三法印」之一，而不是「苦」。這在北傳的《雜阿含》（*Samyukta Agama*）中出現四次㉑；龍樹也援引另一部經為證，將涅槃列為「三法印」之一㉒。對我而言，設想一種完全沒有因概念而產生障礙的情況，遠比看待一切皆苦來得容易。我希望學者和修行者都能開始接受一切事物皆以無常、無我、涅槃為特徵的教法，別殫精竭慮地想證實一切皆苦。

以正確的名稱指出苦因

另一個對佛法的常見誤解是，我們所受的一切苦都是由貪愛造成的。在《轉法輪經》中，佛陀的確說過貪愛是苦因，但他如此說是因為貪愛列於諸煩惱之首。若我們運用智慧，就能看出貪愛可以是一個苦因，但如瞋怒、無明、疑、慢、邪見等其他煩惱，也都可能導致苦。無明引發錯誤的認知，我們的苦絕大部分來自於它。

為了方便記誦而縮短經典篇幅，一連串術語中的第一項通常被用來代表整個序列，例如在許多經典中，以「眼」代表六根㉓，以「色」代表整個五蘊（skandhas）㉔。如果我們練習辨別自己的苦因，就會看到苦有時是因為貪愛，有時是由於其他因素而起，說「生命是苦」過於籠統，說貪愛是導致一切苦的原因又未免過於簡化。我們應該說：「這種苦的根源是某種煩惱。」然後以正確的名稱指出它，例如胃痛就稱之為「胃痛」，頭痛就說是「頭痛」。除此之外，我們還能如何發現自己的苦因與自我治療的方法呢？佛陀的確教示苦諦，但他也教導「現法樂住」（drishta dharma sukha viharin，快樂地安住於事物的實相）的真理㉕。修行要有成就，我們就必須停止證明「一切皆苦」的企圖；事實上，我們更必須停止試圖證明任何事。如果我們能以正念觸及苦諦，即能辨認自己的苦、苦的特別成因，以及去除苦因與止息苦的方法。☸

第六章

停止、平靜、休息、療癒

佛教的禪修包括兩方面──「止」（shamatha）與「觀」（vipashyana）。我們往往傾向強調「觀」（深入觀察）的重要，因為它能帶來洞見，並讓我們解脫苦與煩惱；然而，修「止」（停止）是基礎，倘若不能停止，就無法擁有洞見。

正念分明，停止習氣

禪門中有個關於某個人和一匹馬的故事。有匹馬急馳而過，騎馬者似乎正趕往某個重要之地，有個路人朝著騎士大叫：「你要去哪裡？」騎士回答：「我不知道，你問我座下的馬吧！」這故事是我們的寫照：我們正騎著馬，不知要到哪裡去，卻也無法停止。這匹馬就是我們的習氣，正拉著我們到處跑，而我們毫無招架之力。我們總是在奔跑，這已變成了一種習慣；我們始終在掙扎，即使在睡夢中也不例外。我們與自己的內在交戰，跟別人之間的戰火也可能一觸即發。

我們必須學習「停止」的藝術，即停止自己的思考、習氣、失念，以及主宰自己的強烈情緒，當某種情緒如暴風雨般來襲時，我們就失去了寧靜。我們打開電視，然後又關掉它；拾起書本，然後又放下書。我們要如何才能停止這種躁動的狀態？要如何停止自己的恐懼、絕望、憤怒與貪愛？我們可憑藉正念地呼吸、步行、微笑以及深入觀察而停止下來，以求了解。當我們正念分明，並深深觸及當下此刻時，其結果總是了解、接納、愛，以及拔苦予樂的渴望。

然而，習氣的力量往往比意志力還強。我們總是說了本來不想說的話，做了本來不想做的事，而在事後懊悔不已；我們使自己與他人受苦，造成很大的傷害。我們或許發誓永不再犯，卻又故態復萌。為什麼？這都是因為習氣（vasana）的推動。

我們需要借助正念的力量來辨識自己的習氣，並與之同在，以期能停止這毀滅的進程。有了正念，每當習氣顯現時，我們就有能力辨識出它：「嗨！我的習氣，我知道你在那裡。」若我們微笑以對，它就會失去大半的力量。正念是一股幫助我們辨識習氣，並防止它掌控自己的能量。

「失念」則正好相反。我們在喝茶，卻渾然不覺自己正在喝茶；坐在摯愛者的身邊，卻不知對方的存在；走路，卻未真正在走路。我們魂不守舍，想著過去與未來。習氣這匹馬正拖著我們到處走，我們成為自己習氣的俘虜，我們必須把馬停下來，重拾我們的自由。我們必須將正念之光普照在自己所做的每件事上，那麼失念的黑暗將會消失無蹤。「止」的第一項功能就是「停止」。

學習平息情緒的藝術

「止」的第二項功能是「平靜」。當我們有強烈的情緒時，自己知道此時採取行動可能會很危險，但又無足夠的力量或清晰的心智來阻止它。我們得學習吸氣、呼氣、停止活動，以及平息情緒的藝術；我們必須學得如橡樹般堅定與穩固，別被暴風雨吹得東倒西歪。佛陀曾教導許多技巧來幫助我們平靜身、心，並深入觀察。這方面的教導可總結為五個階段：

（一）**辨識**——若我們生氣，就說：「我知道自己內在有憤怒。」

（二）**接納**——當我們生氣時，不要否認它，而是接受現在的一切。

（三）**擁抱**——我們以雙臂擁抱憤怒，如同慈母抱著啼哭的嬰兒。以正念擁抱自己的情緒，光是如此就能讓自己與憤怒平靜下來。

（四）**深入觀察**——當我們有足夠的平靜時，就能深入觀察，以了解造成這股怒氣的原因何在，是什麼造成懷中嬰兒的不安。

（五）**洞見**——深入觀察的成果，就是了解導致我們的嬰兒哭泣，亦即造成我們憤怒的許多主因和助緣。也許是小寶寶餓了，也許是固定尿布的別針扎到了皮膚。當朋友以刻薄的言詞引爆我們的怒氣，而我們突然想起何以對方會情緒不佳，因為他的父親病危了。就是如此反省，直到洞見造成自己苦的原因為何；有了洞見，就會知道什麼該做或不該做，如此就能改變情況。

讓身、心休息而獲得療癒

平靜之後，「止」的第三項功能是「休息」。假設有人站在河邊把小圓石拋到空中而落入河裡，小石頭毫不費力地慢慢沉入河床，一旦到達河底，它繼續休息，任由河水來去。我們修習坐禪時，也可以讓自己像小石頭般休息著，自然且毫不費力地沉入盤坐的姿勢中休息。我們必須學習「休息」的藝術，讓自己的身、心休息。身、心若有創傷就得休息，才能讓傷口自動癒合。

平靜能讓我們得到休息，而休息是痊癒的先決條件。當森林中的動物受傷時，會找個地方躺下，徹底地休息好幾天。牠們不會想要進食也不會想著其他任何東西，只是休息，就能得到自己所需要的治療。然而，人類生病時就只會憂慮！我們到處尋醫問藥，卻不停下腳步；即使到海邊或山林中度假，我們也不得休息，結果返家時比去之前更加疲憊。

我們得學習休息，躺下並非唯一的休息姿勢，坐禪或行禪時都能好好休息。禪修不是非得要辛勤勞苦不可，只要允許你的身、心如森林中的動物般休息，別過度費力，也沒有必要一定要達到任何成就。我正在寫一本書，但我並未費力，反而同時在休息，請你也用喜悅與閒適的方式來閱讀。佛陀說：「我教授的佛法是非修行的修行。」㉖請以一種不會使自己筋疲力竭的方式來修行，讓身體、情緒、心識有機會休息；若能得到休息，身、心便有能力自行痊癒。

停止、平靜及休息這三者，是療癒的先決條件。若我們無法停止，毀滅的進程就會持續。世界需要療癒，個人、社群和國家同樣也需要療癒。

第七章

體會自己的苦

四聖諦的三轉十二行相

在巴利本的《轉法輪經》中，佛陀告訴五比丘：

只要我尚未證得四聖諦三轉十二行相㉗的如實知見，在天、魔、梵天、沙門、婆羅門與人的世界中，我就不能宣稱有人已證得無上的正覺。諸比丘！只要證得四聖諦三轉十二行相的如實知見，在天、魔、梵天、沙門、婆羅門與人的世界中，我就可以宣稱有人已證得無上的正覺。

在漢譯《佛說三轉法輪經》中，佛陀說：

汝等苾芻，由我於此四聖諦法解了三轉十二相故，眼、智、明、覺皆悉得生，乃於諸

天、魔、梵、沙門、婆羅門、一切世間,捨離煩惱,心得解脫,便能證得無上菩提。㉘

四聖諦中每一諦各轉三次,佛陀共轉了十二次法輪;要了解四聖諦——不僅用理智,且更要親身體驗——我們就必須修習十二轉法輪。

第一轉稱為「示轉」(辨識)。我們察覺到有些事不太對勁,卻又無法確切指出,於是我們努力逃避,但又逃避不了。我們試圖否認苦,苦卻揮之不去。佛陀說,受苦而不自知,這比騾子背負著無法想像的重擔還更痛苦。因此,我們首先必須意識到自己正在受苦,然後確定它的根源是物理的、生理的或心理的。我們需要先確認苦。

辨識、確認自己的苦就如同醫生診斷疾病,醫生說:「我壓這裡,會痛嗎?」我們回答:「會,這就是我的苦,就是在我身上已產生的苦。」心的創傷成為我們禪修的對象,我們讓醫生、佛陀看到傷口,就表示也讓我們自己看到它。我們的苦就是自己,所以需要以和善與非暴力來對待它。我們要擁抱自己的恐懼、憤恨、苦惱與怒氣:「我親愛的苦,我知道你的存在。我為了你而出現在這裡,我會照顧你。」我們停止逃離自己的苦,而用所有的勇氣與溫柔來辨識、承認、確認它。

第二轉稱為「勸轉」(鼓勵)。在辨識、確認自己的苦之後,為了解其真實本質,即它的成因,我們需要花時間好好地深入觀察它。醫生在觀察過我們的症狀後會說:「我要深入檢查,才能了解這種病。」醫生可能要花一週時間做些檢驗,並詢問我們的飲食、生活態度和作息等，他決心了解我們的病。

【圖二】十二轉法輪

四聖諦	三轉十二行相
苦	示轉：此是苦。 勸轉：應了解苦。 證轉：已了解苦。
苦的生起	示轉：有導致苦的非聖法存在。 勸轉：應了解此非聖法。 證轉：已了解此非聖法。
苦的滅盡（安樂）	示轉：安樂可能出現。 勸轉：應獲得安樂。 證轉：已獲得安樂。
安樂如何生起	示轉：有導致安樂的聖道存在。 勸轉：應修行此聖道。 證轉：已修行此聖道。

我們需要了解自己沮喪、疾病、惡劣關係或恐懼的苦，且像醫生般下決心去了解它們。我們練習坐禪與行禪，也向朋友、老師（若有的話）尋求指引與支持。當我們這麼做時，就會明瞭自己受苦的原因是可知的，且會竭盡所能地追究其根本原因。在這階段，我們的修行仍然會「退轉」（ashrava，有漏㉙）。

法輪的第三轉是「證轉」（證悟），也可描述為「已了解此苦」。我們實現始於第二轉的努力，即醫生告訴我們病名和這種病的所有特徵。在研究、思惟及修行第一聖諦之後，我們了悟自己已不再逃避苦，此時能以特定的名字指稱它，並確認它的一切特徵。光是這點，就能帶給我們「不退轉」（anashrava，無漏㉚）的喜悅。

成功地診斷自己的疾病後，有段時間我們依然會持續製造痛苦，透過言語、思想、行為在火上加油，且通常未意識到自己的作為。第二聖諦的初轉法輪是「示轉」：我正持續製造苦。佛陀說：「當事物已生起，我們必須識知它的存在，並深入觀察它的本質。當我們深觀時，就會發現是何種食幫助它成形，且繼續不斷地滋養它。」㉛佛陀接著詳述四種導致苦、樂的食物，即粗摶食（可食用的食物）、觸食（感官印象）、思食（意志）和識食（意識）。

正念地飲食

第一種食是粗摶食。飲食可能導致身、心的痛苦，我們必須有能力區別何者對健康是有益或有害的，在採購、烹調及飲食時，都需要修習正見。佛陀舉出以下這則譬喻：一對年輕夫婦帶著兩歲大的兒子試圖穿越沙漠，但他們的糧食都吃光了。經過深思後，這對父母了解到，為了生存必須殺了兒子，吃他的肉。他們計算若每天吃一點，並把其餘部分扛在肩上風乾，就能撐到終點。但每吃一口兒子的肉，他們就淚流不止。說完故事後，佛陀問道：「親愛的朋友們！你們認為這對年輕男女很樂意吃自己兒子的肉嗎？」「不！世尊，他們不可能樂意吃兒子的肉。」佛陀接著說：「然而，許多人正吃著自己父母、兒孫的肉而渾然不覺。」㉜

我們大半的痛苦來自於未能正念地飲食，因此必須學習保持身心健康安樂的飲食法。當我們吸菸、飲酒或吸毒時，就是在吃自己的肺、肝和心；如果你有子女卻還這麼做，就等於是在吃子女的肉。孩子希望我們健康且強壯。

我們必須深入觀察，看清食物如何養成，我們的飲食法才能維持整體的安樂，將我們與其他生物的痛苦降到最低，並讓地球繼續作為大家生命的泉源。倘若因為我們吃東西而毀滅了生物或環境，我們就是在吃自己兒女的肉。我們需要共同深入地觀察，一起討論如何飲食，該吃或不該吃什麼，那將會是真正的法義探討。

以佛眼觀看，不受六塵的毒害

第二種食是觸食。我們的眼、耳、鼻、舌、身、意六根，不斷地接觸感官對象（六塵），這些接觸便成為意識的糧食。當我們開車行經一座城市時，我們的雙眼看到這麼多的廣告招牌，這些影像進入意識；當我們拿起一本雜誌，其中的文章、廣告也餵養著我們的意識。其中有些廣告會刺激我們對財物、性與食物的貪愛，這些廣告是有毒的；假如我們在看報紙、聽新聞或交談後感到焦慮或疲憊不堪，我們就知道自己剛剛接觸過毒素了。

電影是眼、耳、意三根的糧食，當我們看電視時，電視節目就是我們的食物。一天花五個小時看電視的兒童正攝取種種影像，這些影像灌溉他們內在的貪愛、恐懼、憤怒與暴力等負面種子。我們暴露在這麼多有毒的形象、顏色、聲音、氣味、味道、觸覺的對象和念頭之中，它們剝奪我們身心的安樂。當你感到絕望、恐懼或沮喪時，可能是因為你經由觸食攝取了太多毒素所致。不僅孩童需要被保護，以免於暴力、有害的電影和電視節目、書刊雜誌和遊戲的侵害，我們也可能被這些媒體所摧殘。

若能保持正念，我們就知道自己是正在「攝取」恐懼、憤恨與暴力的毒素，或正在食用助長智慧、慈悲與度人之決心的食物。藉由修習正念，我們將會知道見、聞及接觸某些事物會讓自己覺得輕快、平和，而其他一些事物則會讓自己感到焦慮、悲傷或沮喪，如此我們就會了解應該接觸或避免什麼。皮膚保護我們免於細菌入侵，抗體保護我們抵禦內在的侵略者；我們也必須運用意識中的保護層來自我防護，不讓有害的感官對象毒害我們。

佛陀舉出以下這個極端的意象：「有頭母牛罹患一種可怕的皮膚病，全身皮膚幾乎都已脫落殆盡。當你把牠牽到古牆邊或老樹旁，藏在樹皮中的所有生物都冒了出來，緊緊地黏附在母牛身上吸血。當你把牠拉進水中也是如此，甚至只要牠暴露在空氣中，小昆蟲就會過來吸血。」佛陀接著說：「我們的處境也是如此。」

我們遭受影像、聲音、氣味、接觸及念頭等各種不同侵襲，而它們之中有許多會滋養我們內在的貪愛、暴力、恐懼與絕望。佛陀勸導我們在自己的每個感官門戶布下正念的崗哨，以自我保護。運用你的佛眼觀看即將攝取的每一種食，若看出那是有毒的，就拒絕去見、聞、嘗試或碰觸，只攝取自己確定是安全的養分。「正念五學處」（Five Mindfulness Trainings）㉝會大有助益，個人、家庭、城市和整個國家必須聚在一起，共同討論自我保護與繼續存活的對策；為了脫離我們所處的險境，大家必須共同努力地修習正念。

深入觀察意志的本質，活在當下

第三種食是思食——意志、意圖或意願，亦即想要得到自己想要的任何事物的欲望。意志，是我們一切行動的基礎，若認為讓自己快樂的方法是成為大企業的總裁，那麼我們所有的言行都將以實現此目標為依歸，即使在睡覺時，意識也持續為此努力。或者假設我們認為自己與家人所受的一切苦，都肇因於過去曾傷害過我們的某個人，以為唯有傷害他才會快樂，那麼我們生命的驅動力就純粹是報復的欲望，我們所說的每句話、計畫的每件事，都為了要懲罰對方，連夜裡都夢見復仇。我們認為報復會讓自己解脫憤怒與仇恨。

每個人都想要快樂，而我們內在都有一股強大的力量，推動自己趨向以為會帶來快樂的事物，然而，這可能就是使我們受苦的原因。我們需要洞見，以明瞭地位、報復、財富、名望、錢財等通常都是快樂的障礙，我們需要培養想要脫離這些事物的願望，以享受生命中永遠唾手可得的奇蹟，例如藍天、樹木、可愛的孩子。正念地禪坐、正念地步行與正念地觀察三或六個月之後，我們對現實的深刻洞察力將會生起，而能活在當下，享受當下的生命，這種能力讓我們解脫所有的衝動，帶來真正的快樂。

有天，正當佛陀和一群比丘同在正念中用完午飯後，有個氣急敗壞的農夫經過，詢問他們：「諸位比丘！你們有沒有看見我的母牛？發生這麼倒楣的事，我簡直快活不下去了。」佛陀問：「怎麼回事？」他回答：「諸位比丘！今天早上我所有的十二頭母牛都跑掉了，另外，我今年所種的芝麻全都讓昆蟲給吃光了！」佛陀對他說：「這位先生，我們沒看見您的牛，牠們可能朝另一個方向跑走了。」在農人朝那個方向離開後，佛陀轉頭向他的僧眾說：「親愛的朋友們！你們知道自己是世上最幸福的人嗎？你們沒有母牛或芝麻可以失去。」我們總是努力不斷地蓄積，以為累積這些「母牛」是生存所不可或缺的，但事實上，牠們很可能正是讓我們無法快樂的障礙。放開你的牛，做個自由人吧！釋放你的牛，好讓自己能獲得真正的快樂。

佛陀還提出另一個極端的意象：「有兩個壯漢拖著一個人往前走，要把他丟到火坑裡，這個人無力抵抗，最後被丟進火紅的餘燼中。」佛陀說，這兩名壯漢就是我們的意志。我們不想受苦，但根深柢固的習氣卻把自己拉進痛苦的烈燄中。佛陀勸我們深入觀察自己意志的本質，以看清它正將我們推向解脫、平靜與慈悲，或苦難與不快樂；我們要有能力看出自己正在食用哪種「思食」。

意識攝入毒素，如以利刃自刺

第四種食是識食。意識有兩種：集體意識與個人意識。所謂識食，意即我們攝取意識。有各種不同的識食，有些有益健康、營養豐富，但有些卻含有毒素。就集體意識而言，有許多有毒的識食，例如憤怒、絕望，如果我們允許自己攝取這種食物，就會中毒，因此我們不該花時間接近或投入充滿憤恨絕望的社區或團體。我們必須尋求一個少有恨意和絕望的集體意識，在那個環境中，每個人時時心懷慈悲，念念只求利他。

個人意識也含有毒素。我們內在都有地獄道、餓鬼道和畜生道，如果我們想要這三惡道現行，它們可立即現前——只需觸動按鈕，就會開啟潘朵拉的魔盒。如果我們坐視有關過去經驗的負面思想生起，即是在食用有毒的識食。我們很多人坐著思考，愈思考就變得愈憤怒、不悅、絕望。

然而，在我們意識中，除了天、阿修羅、地獄、餓鬼、畜生等種子之外，也有聲聞、獨覺、菩薩和圓覺諸佛等種子。我們意識中有許多頻道，猶如具有十個頻道的電視，為何不選按佛菩薩的頻道？我們獨坐思憶過往，觸動餓鬼或畜生頻道，攝取他們製造的食物，猶如牛羊等動物嚼食反芻的食物。過去曾有過仇恨、曾經受傷害、被虐待，這些經歷我們都埋藏在意識中，無法加以轉化，我們反芻過去的苦痛與絕望，猶如牛咀嚼反芻的草。每一次思量受虐經驗，就讓自己再次受到傷害，但實際上當下並沒有發生受虐的情況，那件事已經過去了。循此思維模式，即使童年曾有許多歡樂甜蜜的時光，我們還是可能日日重複受虐，因為老是在反芻自己的恨意、苦痛和絕望，而這些都不是有益健康的食物。

我們以正念觀照每一口呼吸，每一個步伐，如此可以讓自己抽離這種思維，接觸當下美妙的事物，得到滋養，重拾生之喜悅。如果我們知道如何安住當下，停止上述反芻式的思維，無論行住坐臥或飲食，都會是幸福快樂的。

佛陀舉出另一個戲劇性的意象來闡述此點：「有個危險的殺人凶手落網後被帶到國王面前，國王處以利刃穿身的死刑：『把他帶到中庭，用三百把利刃刺穿他。』中午時分，有名侍衛回報：『陛下！犯人還活著。』於是國王宣布：『再刺他三百刀。』到了晚上，侍衛再度稟報國王：『陛下！犯人還沒死。』因此，國王三度下令：『拿全國最銳利的三百把刀刺穿他。』」然後佛陀說：「這就是我們通常對待自己意識的方式。」每當我們反芻過去的經歷，就猶如以利刃刺殺自己。我們自己受苦，而此苦流溢也影響了周遭的人。

修習正念，知苦斷集

當我們修習第一聖諦的「初轉」時，我們如實地辨識苦；假如處於惡劣的人際關係時，我們認清：「這是惡劣的關係。」我們的修行就是陪伴自己的苦，好好照顧它。當我們修習第二聖諦的「初轉」時，我們深入透視自己苦的本質，看清自己一直拿何種食來餵養它。過去幾年、幾個月來，我們以何種方式生活，才造成這樣的苦？我們得辨識、認清自己攝取的種種食，並觀察：「我這樣想、那樣說、這樣聽或那樣做時，痛苦就會增長。」在開始修習第二聖諦之前，我們往往將自己的不快樂歸咎於他人。

深入觀察需要勇氣。在禪坐中，當你清楚地看到苦的徵兆時，願意的話，可以用鉛筆和紙寫下來，然後問自己：「我一直在攝取何種食，而讓這苦茁壯、持續？」當你開始了解自己一向攝取的是何種食時，你可能會哭。為了讓自己真正地活在當下，如慈母懷抱兒女般地擁抱著自己的苦，請整天運用正念的力量，只要正念現前，就能與困境共處。修行並不表示光憑自己的正念、專注與智慧，還必須從道友和老師的正念、專注和智慧受益。有些事就算小孩也能看出來，但自己卻未必看得見，因為我們被自己的觀念囚禁了。將你寫下的東西拿給朋友看，請教他們的觀察所得與洞見。

若你和朋友坐在一起坦誠交談，決心要發覺自己苦的根源，那麼你最後會看清這些根源；但如果你把苦埋在心底，它有可能日益壯大。僅僅看見自己的苦因就能減輕負擔。佛陀的大弟子之一舍利弗曾說：「當事物生起時，若我們深入地看著它真正面貌的核心，看到它的根源與滋養它的食物，那麼我們就已在解脫道上了。」當我們能辨識自己的苦，並看到其根源時，我們會更為平靜、喜悅，且已踏上解脫之道。

在第二聖諦的第二階段「勸轉」中，我們清楚地看到，若停止攝取造成苦的種種食，就有可能獲得真正的快樂。要是知道自己身體受苦，是因為飲食、睡眠或工作方式所致，那麼就應該發願改用更健康的方式來飲食、睡眠或工作，鼓勵自己終結苦因。只有憑藉堅強的意志，不再因循舊習，才能讓法輪運轉不息。

正念是能幫助我們「停止」的能量。我們探究目前自己攝取哪種食物，並決定哪些可繼續食用，或哪些需要極力避免。我們和朋友、家人以及整個共住社群一起坐禪、觀察，可以討論的重要議題包括：如何正念地攝取食物、如何保護自我身心，以及如何保護自己的家庭、社會與環境。當我們將注意力轉向自己的苦時，就能看見自己快樂的可能性，看到苦的本質與離苦之道，所以佛陀才會將苦稱為「聖諦」。在佛教中，我們使用「苦」一詞時，意指能讓我們看到離苦之道的那種苦。

有許多種修行方式能幫助我們面對自己的苦，包括正念地步行、正念地呼吸、禪坐、正念地飲食、正念地觀察與傾聽等。在正念中跨出的一步，能讓我們深深領會自己本身與周遭的美與喜悅。十三世紀越南大禪師陳太宗（Tran Thai Tong）㉞曾說：「你每跨一步，就接觸到實相的大地。」若整天正念地步行與深度傾聽，那就是把四聖諦化為行動。當我們看清苦時，就有可能療癒；我們誓言避免攝取造成苦的食物，也誓願食用健康有益的食物。

在第二聖諦中的第三轉「證轉」上，我們不僅發誓，且確實停止攝取製造苦的食物。有些人認為要終止苦，就得「停止」色、受、想、行、識，但這想法是錯誤的。第二聖諦的第三階段可描述為「饑來喫飯，困來即眠」㉟。若能體證此階段，即有某種程度的輕快與自在，你想做的一切都會完全符合「正念學處」，不會做出任何傷害自己或他人的事。

孔子說：「吾三十而立，四十而不惑，五十而知天命，六十而從心所欲不踰矩。」㊱禪宗「十牛圖」的最後一圖稱為「入廛垂手」（空手進入市集），你可隨意地自由來去，這就是「非行動的行動」㊲；苦，不再生起。此階段無法模仿，你必須自己親自體證而達到。

十九世紀末，越南的一定（Nhat Dinh）大師請求皇帝恩准辭去國家寺院方丈一職，好讓他隱居山間茅廬，侍奉年邁的母親。當時有許多官員供養大師，請求他另闢一座寺院，但他寧可在極度寧靜、喜悅中簡單度日。有天，他的母親病了，需要吃魚，於是他到市集向魚販要了一條魚提回山中。旁觀者交相詢問：「一個佛教出家人要一條魚做什麼？」但像一定大師這種已達到證悟境界的人，能隨心所欲而不違反戒律。在第二聖諦的第三階段，你只要做自己就可以了，形式並不重要。可是，要小心！你首先要有真正的洞見，真正的解脫。

第八章

證得安樂

直接面對苦，體證苦、樂不二

牙痛時，我們知道牙齒不痛是幸福，但後來牙痛好了，我們卻不珍惜這份幸福。修習正念可以幫助我們學會體認早已存在的安樂，有了正念，我們就會珍惜自己的幸福，且能讓它持續更久。我總是問心理治療師：「為什麼你只跟病患談苦？為何不幫他們接觸同樣也存在的快樂種子？」心理治療師需要協助病患觸及第三苦滅聖諦，我鼓勵他們與病患練習行禪與茶禪，以灌溉病患內在喜悅的種子。

請問問自己：「是什麼在滋養我內在的喜悅？是什麼在滋養他人內在的喜悅？我是否提供足夠的養分給自己與他人以滋長喜悅？」這些都是與第三聖諦有關的問題。倘若你知道如何享有自己已經擁有的稀世珍寶，那麼苦的滅盡——安樂，是隨處可得的。你有雙眼能觀看，有肺能呼吸，有腿能行走，有雙唇能微笑。痛苦時，請深入觀察自己的處境，找到已存在且唾手可得的快樂因素。

當我們展開第三聖諦的第一階段時，就已經享有某種快樂了，只是我們不盡然知道這一點。我們自由自在，但不自知；就如年輕時身強體健，卻不懂得珍惜。即使有人試著告訴我們，我們也無法領會自己所擁有的一切，唯有不良於行時，才體會有兩條健康的腿能走路是多麼美好的事。第三聖諦的初轉是「示轉」——「認知」苦不存在而寧靜存在的可能性。倘若我們此刻無法享有寧靜與喜悅，至少可想起過去曾經歷的寧靜、喜悅，或觀察別人的寧靜、喜悅；我們看見「安樂是有可能出現的」。

第三聖諦的第二轉是「勸轉」——「鼓勵」自己發現寧靜與喜悅。想蒔花弄草，就得彎下腰去接觸土壤，園藝工作是一種修行，而非只是概念。要修習四聖諦，你必須深深地接觸為自己帶來寧靜喜悅的事物，如此一來，你會了解走在大地是個奇蹟，洗盤子是個奇蹟，與一群志同道合的朋友共同修行也是個奇蹟，而最大的奇蹟就是活著。我們只要體會為自己的苦而受苦是不值得的，藉此就能終結苦。有多少人因為一時盛怒或絕望而自殺？當時他們並未看見身旁無上的快樂，而正念能消除這種狹隘的觀點。佛陀直接面對自己的苦而發現了解脫之道；別為了迎接愉快的事物，而逃避不愉快的事物。請將雙手接觸大地，面對困境，重新培養快樂。

有位學生曾告訴我：「當我參加派對時，大家看起來似乎都很快樂，但看透表象後，卻發現有那麼多的焦慮與痛苦。」起初，你的喜悅是有限的，尤其是掩蓋著苦的那種喜悅。擁抱自己的苦，微笑以對，並在其中發掘快樂的源頭。諸佛菩薩也受苦，我們與他們之間的差別在於：佛菩薩知道如何將苦轉化為喜悅與慈悲。就如優秀的有機園丁，他們不會生起偏好花朵或厭惡垃圾的分別心，他們知道如何化腐朽為鮮花。別拋棄自己的苦，去體會它，直接面對它，而知苦、樂皆無常，你的喜悅將會變得更加深刻。請學習培養喜悅的藝術吧！

若能如此修行，你就達到第三聖諦的第三轉「證轉」——「體證」苦、樂是不二的。到了此階段，你的喜悅不再脆弱，它是真正的喜悅。

修行聖道，以去除苦

第四聖諦是道諦（離苦之道）。首先，醫生深入探究我們苦的本質，然後確認去除苦的可能性，最後開出離苦的藥方。修行第四聖諦的「初轉」時，我們「認知」八聖道——正見、正思惟、正語、正業、正命、正精進、正念與正定，能引導我們離苦，但我們還不知道如何去修行。

在第二轉時，我們「鼓勵」自己修行此道，透過聞、思、修來實現。學習時，無論是透過閱讀、聽聞或討論，我們都需要敞開心胸，才能看見學以致用的方法。若學而不思、不修，那就不是真正的學習。

在此階段，我們看見聖道與自己生活中實際的困境息息相關，所以與實際痛苦無關的修行，並非我們需要的聖道。當我們明白會受苦是因為不負責任地生活，且藉由改變生活方式就能結束苦時，我們便在此困頓中覺醒了。轉化是漸進的，然而一旦看清自己的苦因，我們便可努力修正自己的行為來結束苦。假設我們察覺自己的心臟功能不良，也知道菸、酒、膽固醇是主要的原因，那麼就得努力停止攝取這些東西。在道諦的第二階段，我們每天都會變得比以往更自在。當我們踐行所學時，聖道就開始變得真實起來。

佛陀勸我們要辨識長養苦的種種食，然後停止攝取這些食。我們要盡己所能，並求助於兄弟姊妹，別期望困境會自行消失，我們必須採取某些行動，同時也要避免其他某些行為。一旦下定決心停止餵養苦，解脫之道就出現在我們眼前，那是通往安樂的八聖道。佛陀是醫生，所以他請我們把苦帶到他面前；我們自己也是醫生，要下定決心轉化困境，證實安樂的可能性。佛陀指出通往安樂的八聖道，並激勵我們遵循此道。第四聖諦的第三轉「證轉」，即指自己正在修行此聖道。

四聖諦相互依存，本是一體

當禪修指導老師指定一則公案給你，例如「何謂隻手之聲？」㊳或「如何是達摩祖師西來意？」時，你要自問：這則公案跟我實際承受的沮喪、恐懼或憤怒等苦有何關聯？若與這些實際問題不相干，那就並非你需要的道路，可能只是一種逃避。請以一種能轉化苦的方式來參究公案。

「此是苦，要看清此苦，要徹底地理解此苦之根源。我已看見此苦，我已看清它如何顯現，我已看見它的內涵與根源。」這些都是修行，而不僅僅是宣言。「如實知」(yatha-bhuta jñana)將從我們的生活與修行中湧現。

當憍梵波提(Gavampati)比丘聽到其他比丘說：「凡見苦者，即見集(苦之產生)、滅(苦之止息)與道(離苦之道)。」他補充說：「我親耳聽見佛陀說：『諸比丘！凡見苦者，即見集、滅與道；凡見集者，即見苦、滅與道；凡見滅者，即見苦、集與道；凡見道者，即見苦、集與滅。』」[39]相互依存(interbeing)是一切佛法的重要特徵；當你觸及「一」，就觸及「一切」。

理解四聖諦相互依存的本質很重要，深入觀察四聖諦中任何一諦時，也同時看到其他三諦。當我們深入觀察苦諦時，可以看到苦如何形成，同時也看到如何終止苦而體會安樂，以及道諦的效力。深入觀察第一聖諦時，我們從中看見了第二、第三與第四聖諦。四聖諦是一體的。

為了見道，我們需要苦，在苦的核心中，可以找到集、滅和道。若我們害怕碰觸自己的苦，就無法證悟寧靜、喜悅與解脫之道。別逃避，要體會、擁抱自己的苦，與它和平共存。佛陀曾說：「一旦你理解苦如何生起，你就已在離苦之道上了。」[40]知道什麼事物已生起，也知道它如何形成，那麼你已在解脫之道上了。

四聖諦的新順序

讓我們重新組合四聖諦。第三聖諦「滅諦」表示苦滅，那也就是安樂的現起，我們不說「滅」而稱之為「安樂」，如此一來，便可稱第四聖諦為「通往安樂的八聖道」。接著，不稱第二聖諦為「苦之因」，而說有導致苦的八非聖道或「八邪行道」（八種錯誤的修行之道），即邪見、邪思惟、邪語、邪業、邪命、邪精進、邪念、邪定。為了利益現代人，我們可能要重新編列四聖諦的順序如下：

（一）**安樂**（傳統列為第三聖諦「滅」）。

（二）**通往安樂的八聖道**（傳統列為第四聖諦「道」）。

（三）**苦**（傳統列為第一聖諦「苦」）。

（四）**導致苦的八非聖道**（傳統列為第二聖諦「集」）。

遵循八聖道而生活，即能增長安樂，生活也將充滿喜悅、自在與奇蹟，但若不行聖道，日常生活中仍存有貪、瞋、癡、恐懼，也就是走在八非聖道上，那麼自然會有苦果。修行就是直接面對自己的苦並轉化它，以獲得安樂。我們需要研究八聖道，並學習在日常生活中踐行八聖道的方法。❁

第二部

八聖道

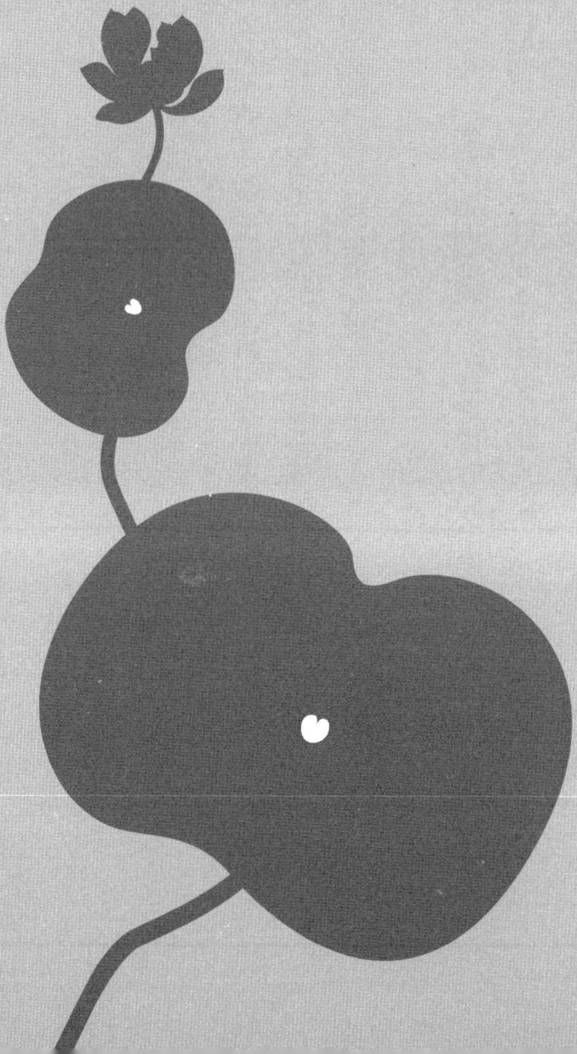

【導論】

認識八聖道

當佛陀八十歲即將入滅時，有位年輕人須跋陀（Subhadda）來求見，佛陀的侍者阿難認為，此時讓年邁的導師見任何人都太耗費體力，但佛陀無意間聽到須跋陀的請求，於是對阿難說：「阿難！請他進來吧。」即使在臨終時，佛陀依然願意接見求法者。

須跋陀問道：「世尊！摩揭陀（Magadha）與憍薩羅（Koshala）的其他宗教師，是否圓滿證悟了呢？」佛陀知道自己命在旦夕，回答這樣的問題是浪費寶貴時間。記得，當你有機會向老師請教佛法時，要提出足以轉變自己生命的問題。當時佛陀回答：

> 須跋陀！那些宗教師是否圓滿證悟並不重要，問題是你自己想不想解脫。若想，就得修行八聖道。修行八聖道之處，必有喜悅、平靜與洞見。①

佛陀初轉法輪時便提出八聖道，並在其後四十五年間持續教授八聖道，而在對須跋陀開示的最後說法中，他再次宣說八聖道——正見、正思惟、正語、正業、正命、正精進、正念、正定。②

「八支聖道」（arya ashtangika marga，具有八個部分的聖道）意味解脫道上這八個要素之間相互依存的本質，其中每個分支都包含其他七支。請用智慧將八聖道的各個要素應用在自己的日常生活中。

第一章

正見

正見是堅信人能轉化自身之苦

八聖道的第一個練習是正見。首先，正見是深刻了解四聖諦，亦即了解我們本身的苦（苦）、苦的生起（集）、苦可被轉化的事實（滅）以及轉化之道（道）。佛陀曾說，正見就是相信我們具有能轉化自身之苦的堅定信念與信心。舍利弗尊者補充說，所謂正見，就是了知自己因攝取四食中的何種食，而使何種事物生起。③

舍利弗將正見描述為分辨善根（kushala mula）與不善根（akushala mula）的能力。在每個人的意識深處，都有善及不善根（或善、不善的種子）。若你為人忠誠，那是因為你內在有忠誠的種子，但別以為自己內在並無背叛的種子。倘若生活環境中忠誠的種子得到灌溉，你就會成為忠誠的人，但假如背叛的種子得到灌溉，你可能連自己所愛的人都會背叛。你將因此而感到內疚，但若內在背叛的種子茁壯，你可能還是會有背叛的行為。

修習正念有助於我們辨識內在藏識中所有的種子④，並澆灌其中最善的種子。當某人朝我們走來時，只看一眼就會讓我們覺得不舒服，但另一個人走過來時，我們卻可能立刻對他產生好感；這兩個人身上都有某種東西觸及我們內在的種子。假使我們深愛母親，一想到父親時卻感到緊張，那麼一眼見到貌似母親的年輕女子時，我們就會心生好感；而看到一位會喚起我們對父親回憶的男子，我們就會感到不快。如此，我們「看見」了自己內在的種子——愛母親的種子與面對父親而受傷的種子。當我們能夠察覺自己藏識中的種子時，就不會對自己或他人的行為感到驚訝。

佛性的種子（即覺醒與如實知事物的能力），也存在於我們每個人的內在。對人合掌問訊時，即是承認對方內在的佛性種子；如此對一個孩子行禮，會幫助他健康而有自信地成長。種瓜得瓜，種豆得豆；若人行善，就會快樂，否則即是在灌溉自己內在的貪、瞋、暴力等種子。正見就是要辨認哪些種子是善，並鼓勵自己去澆灌它們，這是所謂的「有選擇性的接觸」。我們需要相互討論，彼此分享，以加深自己對修習正見與「正念五學處」的理解，尤其是關於如何攝食的第五學處。⑤

擺脫錯誤的「想」，如實照見事物

我們的「見」（view）是以「想」（samjña，感知）為基礎。在中文裡，「想」這個字的上半部是「相」，亦即「標記」、「記號」、「現象」；而下半部是「心」或「心靈」。「想」通常都有

「相」，且在許多情況下，這些相都是虛幻不實的，佛陀勸我們別受自己的「想」所愚弄，他對須菩提說：「凡所有相，皆是虛妄。」⑥佛陀也在許多場合中教導大眾，我們大部分的「想」都是錯誤的，而我們所受的苦多半來自於此⑦。在能洞悉事物之前，錯誤的「想」會讓我們的正見無法生起，因此，我們必須一再地問自己：「我確定嗎？」

「想」總是意味著去感知某件事物。我們相信自己感知的對象是在感知的主體之外，但這種見解是錯誤的。當我們感知月亮時，月亮就是自己；當我們對朋友微笑時，朋友也是自己，因為此時朋友是我們感知的對象。

當我們看見一座山時，山就是我們感知的對象；看見月亮時，月亮也是我們感知的對象。當我們說：「我能在這朵花中看到自己的意識。」那就表示我們能從花裡看到白雲、陽光、大地與礦物。但我們如何能在一朵花中看到自己的意識呢？那朵花就是我們的意識，它是我們感知的對象，它就是我們的「想」。「想」意味著感知某個對象，也代表能感知者與所感知對象的存在。我們正在注視的那朵花是意識的一部分，我們必須摒除意識位於花朵之外的這種觀念，因為主體若無對象就不可能存在，兩者缺一不可。

我們感知或看事物的方式，都根植在藏識中。十個人同看一朵雲彩，會有十種不同的看法，無論它被想成是隻狗、一把鐵鎚或一件外套，那都取決於我們悲傷、回憶或憤怒的心。我們的「想」帶著一切主觀性的錯誤，然後根據它而對所感知的對象加以讚賞、責備、譴責或抱怨。然而，我們的「想」，是由貪、瞋、痴、邪見與偏見等煩惱所構成，而「想」也決定了我們是快樂或痛苦。因此，深入觀察自己的「想」，並了解其根源是很重要的。

我們對快樂有特定的看法，相信唯有某些情況才能使自己快樂，但往往就是這種對快樂的看法讓我們無法快樂。我們必須深入觀察自己的「想」，才能擺脫它的束縛，那麼「想」將成為一種洞見，即道的體證。道的體證不是「想」，也不是「非想」，而是清晰的洞察，如實地照見事物。

我們與周遭那些人的快樂，取決於我們正見的深度；深入地觸及實相，亦即清楚了知當下自己身心內外發生的一切情況，那就是讓自己解脫、不因錯誤的「想」而受苦的方法。正見並非一種意識型態或思想體系，它甚至不是一種道路，而是我們透視生命實相的一種洞見，那是種活生生的洞見，讓我們充滿智慧、平靜與愛。

陷於實相的概念，就失去實相

有時，當我們看見孩子的行為處事，明明知道那樣的行為將來會讓他們受苦，但試圖對他們說明時，他們又充耳不聞。這時我們只能激發他們內在正見的種子，過了一段時間，當他們困頓時，或許就能從我們的引導中獲益。我們無法向從未嚐過柳橙的人解釋這種水果，無論描述得如何詳盡，也不能讓另一個人直接體驗柳橙，他必須親自品嚐，我們只要說一個字，他就會被困住。正見是不可描述的，我們只能指出正確的方向，它甚至無法由老師來傳授。老師能幫助我們辨識自家花園中早已存在的正見種子，幫助我們建立修行的信心，而將正見的種子撒進日常生活的土壤中。但身為園丁的是我們自己，所以我們必須學習如何灌溉自己內在的善種，讓它們綻放出正見的花朵，而灌溉善種的工具是正念地生活——在正念中呼吸、步行，在正念中度過生活的每一刻。

一九六六年在美國費城舉辦的和平運動大會中，有位記者問我：「您來自北越或南越？」當時我若說來自北越，他可能會認為我是親共分子；我若說來自南越，他可能以為我是親美分子。所以我告訴他：「我來自中部。」我想幫助他放下自己既定的概念，面對眼前的真實，這是禪的語言。從前有位禪僧看見一隻美麗的大雁飛過，他想和同行的師兄分享那份喜悅，但師兄正好彎腰取出僧鞋中的一塊小石頭，等他抬起頭時，大雁早已飛遠。他問：「你要我看什麼？」此時那師弟只能默然不語。太虛大師曾說：「只要樹在你背後，你就只能看見它的影子；若你想觸及實相，就不得不回頭。」「影像教」（image teaching）是運用文字概念，「本質教」（substance teaching）則以你的生活方式來溝通。[8]

若你來梅村（Plum Village）度過一天，你對梅村會有個概念，但那概念並非真正的梅村。你可能會說：「我去過梅村。」其實，你只去過自己概念中的梅村。你的概念可能比從未到過梅村的人稍微清楚一點，但那仍只是個概念，而非真正的梅村。你對實相的概念或「想」並不等同於實相本身，當你陷於自己的「想」與概念時，就失去了實相。

修行，就是超越概念，以達到事物的本性。「無念」，即非概念之道；只要有概念，就無實相、真理。「無念」意指無錯誤之念，這並不表示沒有正念。因為有正念，我們對事情的對錯才能當下了了分明。

我們正在修習坐禪，以自己的心靈之眼看見一碗番茄湯，因為此時我們本來應攝念於自己的呼吸，所以我們以為內心浮現番茄湯是錯誤的修習。但若修習正念，我們會說：「我正在吸氣，我正想著番茄湯。」那就已經是正念了。正確或錯誤並非客觀的，而是主觀的。

正見和邪見（錯誤的見解）之分是相對性的說法，如果更深入觀察，我們就會明瞭「一切見解都是邪見」。未曾有一種見解就是真理本身，任何見解都基於某個立足點，因此見解才會被稱為「觀點」。若走到另外一點，我們會以不同的方式看待事物，且了解自己先前的觀點並非完全正確。佛教並不是一堆見解的總合，而是一種幫助我們去除邪見的修行。我們的見解永遠都可以修正改善，從究竟實相的角度來看，揚棄一切見解即是正見。

修習正念的生活，展現八聖道

我們在剛開始修行時，對佛法的見解只是一種模模糊糊的概念，但概念上的知識是絕對不夠的。正見的種子或成佛的種子就在我們心中，被層層無明、悲傷、失望所遮蔽。我們必須將見解付諸修行，在聞、思與修的過程中，見解會基於自己切身經驗而變得愈來愈有智慧。當我們修習正念時，會在每個人身上看見成佛的種子，包括自己在內。這就是正見，有

【圖三】 **聖道八要素的相互依存**

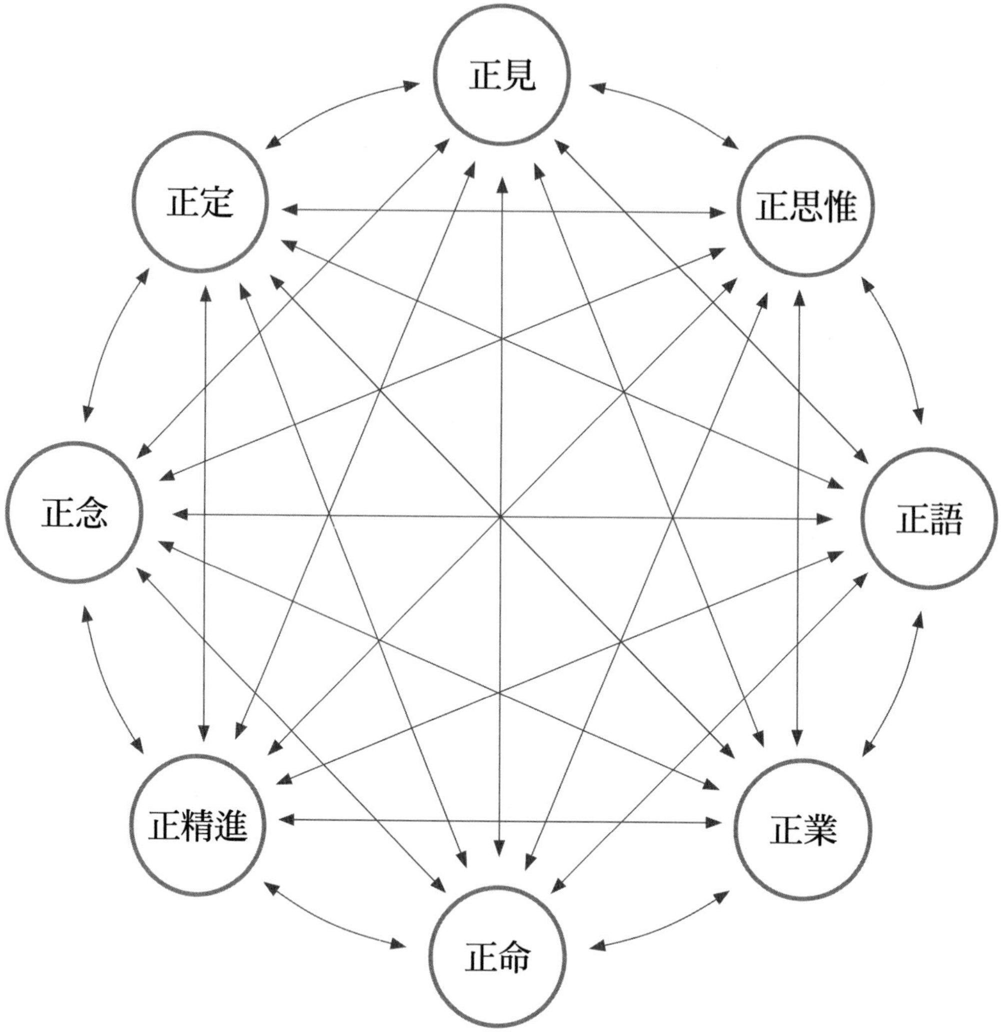

時也稱為「諸佛之母」（prajña paramita，般若波羅蜜），那是一股能讓我們解脫的愛與智慧的力量。修習正念的生活時，我們的正見將會展現，而內在含藏的八聖道上其他一切要素，也都得以開顯。

八聖道的八種修行彼此相輔相成，當我們的見解日益「正確」時，內在八聖道的其他要素也隨之加深。正語以正見為基礎，同時也增長正見；正念和正定鞏固及加深正見；正業也必須立基於正見，而正命則淨化正見。正見既是修道上其他要素的因，也是它們的果。

第二章 正思惟

當我們心中的正見穩固時，就會擁有正思惟（正確的思惟）。思惟需要以正見為基礎，若能訓練自己正思惟，正見也將會增長。思惟是我們內心的言語，正思惟讓言詞清晰而有益。思惟往往會導致行動，因此我們需要正思惟引導我們走上正業之道。

我思，故我不在

正思惟反映事物的真實面貌，而邪思惟（錯誤的思惟）則導致我們以一種「顛倒」（viparyasa）的方式來看問題。然而，修習正思惟並非易事，通常當我們的身體在做某件事時，內心卻常常想著其他事，身與心不能統一。有意識的呼吸是一種重要的聯繫，當我們專注於呼吸時，就能讓身心再度合一。

當笛卡爾（Descartes）說「我思故我在」時，他的意思是，我們可以藉由具有思考作用的這項事實，來證實自己的存在。他的結論是：我們思考，因此我們確實存在。但是，我的結論正好相反：「我思，故我不在。」身、心只要一分離，我們就會迷失，就無法真正說自己存在於當下。

倘若我們正念地呼吸，並觸及內在和周遭具有療癒、讓人振奮的要素，將能找到平靜與充實。正念地呼吸幫助我們的心不再被過去的悲傷和未來的焦慮所占據，它讓我們接觸當前此刻的生活。我們的思想多半是不必要的，那些思緒是受限的，本身並未蘊含多少智慧。有時我們覺得自己的腦袋裡好像有部錄放音機，終日不斷運轉，我們無力關掉它，因而讓自己變得憂慮、緊張及作惡夢。修習正念時，我們才開始聽見心中的錄音帶，注意到自己的思惟是否有用。

思惟具有兩部分——「尋」（vitarka，最初的念頭）與「伺」（vichara，持續發展的念頭）。「尋」就像「今天下午我得交一篇文學報告」，這個念頭接下來的發展可能是懷疑自己這份作業是否正確，或在繳交之前是否應該再讀一次，或老師是否會注意到我們遲交作業等。「尋」是最初的念頭，「伺」則是最初念頭的發展。

在初禪的階段，思惟的這兩個部分都存在，到了第二禪，兩者就都消失了，當我們更深入接觸到實相，就能解脫語言文字與概念的束縛。去年我曾和一群孩子在林中散步，當時我注意到其中有個小女孩有很長一段時間都在思考，最後她問我：「比丘爺爺，那棵樹的樹皮是什麼顏色？」我告訴她：「就是妳看到的顏色啊！」我想讓她進入近在眼前的美妙世界，不想添加另一個概念。

與正思惟相關的四個練習

與正思惟相關的有以下四個練習：

（一）**「你確定嗎？」**——假如路上有條繩子，而你把它想成一條蛇，以恐懼為基礎的思緒就會隨之而起。你的「想」錯得愈離譜，你的思惟也跟著錯得更嚴重。請在一張大紙上寫下「你確定嗎？」這幾個字，並把它掛在自己常常看得見的地方，反覆地問自己這個問題。錯誤的「想」會造成邪思惟與不必要的痛苦。

（二）**「我正在做什麼？」**——有時我會問學生：「你正在做什麼？」目的在幫助他擺脫對過去或未來的思緒，回到當下的一刻，我問此問題是要幫助他活在當下，活在此刻。他只需微笑以對，就能展現他真正的存在了。

自問當下正在做什麼，將有助於克服你想要快速完成事情的習性。要對自己微笑，並說：「洗盤子是我生命中最重要的工作。」當你問「我正在做什麼」時，請深思這個問題。若你的心跟著念頭跑了，你就需要正念的介入。當你真正存在於當下，洗盤子就可以是深刻而愉快的經驗；但如果你邊洗邊想其他事情，那就是在浪費時間，可能也沒把盤子洗乾淨。若未能活在當下，就算洗了八萬四千個盤子，你花的工夫還是沒有絲毫功德。

梁武帝曾問中國禪宗初祖菩提達摩，他在全國各地廣興寺院可得多少功德，菩提達摩回答：「一點功德也無。」但若在正念中洗一個盤子，若深深安住於當前此刻而建立一座小道場，不想到達任何境界，不在乎名望或人們的認可，其功德則無量無邊且有無比的快樂。經常問自己當下在做什麼，當你並未因思緒而失神，能正念地做事時，你便會感到快樂，且成為其他許多人的倚靠。

（三）**「嗨！習氣。」**——我們有固守自己習性的傾向，即使那些習性會造成痛苦，工作狂就是個例子。過去我們的祖先可能得整天工作才能填飽肚子，但今天我們的工作方式可說是一種無法自主的衝動，讓自己無法真正與生命接觸。我們一天到晚想著自己的工作，甚至忙得沒時間呼吸。我們需要找時間深觀枝頭綻放的櫻花，正念地喝茶。思惟方式決定行為模式，而思惟方式則取決於習氣。當我們辨認出自己的習氣時，只需說：「嗨！習氣。」然後和自己慣有的思惟、行為模式好好地相處。當我們能接受這些根深柢固的念頭，且不會因此感到內疚時，它們對我們的影響力就會大幅降低。正思惟導致正業。

（四）**菩提心**——我們的「愛心」是一種為了造福許多眾生，而增長自己內在智慧的深心切願，也是修習正念生活的動力。有菩提心作為思想的基礎，我們的一切言行都將能幫助他人解脫。正思惟會引生正精進。

以善思取代不善思

佛陀教我們許多方法以轉化讓人苦惱的念頭，他曾說過的一個方法就是「換木栓」，就如木匠敲進新木栓，以取代腐朽的木栓⑨。我們要以善思來取代不善思，若經常被不善的思考模式所困擾，就要學習如何換掉「木栓」，以善思取代這些不善的思考模式。佛陀也將不善的思惟比喻為頸部繞著一條死蛇，他說防止不善思生起的最簡單方法，就是生活在善的環境中，也就是生活在一個修習正念生活的團體中。有同修道友在旁協助，很容易就能維持正思惟，在良好的環境中居住是一味預防藥。

正思惟是符合正見的思惟，那是一張地圖，能幫我們找到自己的道路。然而一旦到達目的地，就該放下地圖，全然進入真實之境。「無思而思」是一句著名的禪語。當你修習正見與正思惟時，就能深深地安住於當下，治療、轉化自己的苦，並為眾人真正地活在當下。

第三章 正念

培養正念，即培養內在的佛

正念是佛法的核心。傳統上，正念為八正道中的第七項，但此處為了強調它極高的重要性，所以列為第三項。正念現前時，四聖諦與八正道其他七要素也都會出現，當我們保持正念時，我們的思惟就是正思惟，我們的語言就是正語，以此類推；正念是一股將我們拉回到當下的力量。培養自己內在的正念，就是培養內在的佛，就是培養聖靈（Holy Spirit）❿。

根據佛教心理學（即阿毘達磨abhidharma，亦即「無比法」），「作意」（manaskara）是一種「遍行」（universal）心所⓫，它表示我們總是在注意某個對象。當我們全然安住於當下時，我們的作意可能是「適當的」（yoniso manaskara，如理作意）；而當我們把注意力放在會令人遠離當下的對象時，我們的作意就是「不適當的」（ayoniso manaskara，非理作意）。一個好園丁知道從堆肥中培育出鮮花的方法，同樣的，正念能接受一切而不加以評斷或反應，它包含一切，充滿慈愛。正念的修行，就是找到整天維持如理作意的方法。

正念的奇蹟

「念」的梵文是smriti，意即「憶念」，就是記得要回到當下。「念」的中文有兩部分，上半部是「今」，表示「現在」，下半部是「心」，表示「心」或「心靈」。正念的第一項奇蹟就是活在當下，能深深感受到藍天、花朵和孩子的微笑。

正念的第二項奇蹟是讓藍天、花朵、孩子等其他的一切，也活在當下。在越南長篇敘事詩《翹傳》（*Tale of Kieu*）中⑫，女主角翠翹回到摯愛金重的住處，發現他正伏案沉睡，頭枕著一堆書。金重聽到翠翹的腳步聲，但尚未完全清醒，他問：「妳真的在這兒嗎？還是我在作夢？」翠翹答道：「現在我們有機會看清彼此，但若我們未深刻地活在此刻，那就只會是一場夢。」你和你的摯愛在此共聚，你們有機會深入觀照彼此，但若你們未全然地活在當下，一切都猶如夢一場。

正念的第三項奇蹟是滋長你作意的對象。你最近一次深深凝視摯愛的雙眼，並問對方：「親愛的，你是誰？」是在什麼時候？別滿足於膚淺的回答。再問一次：「你是誰？與我同甘共苦、生死與共的你，究竟是誰？吾愛！為何你不是一顆露珠、一隻蝴蝶或一隻鳥？」用你整個生命去問這個問題。若你未適切地注意自己所愛的人，那就是一種殺害。你們一起坐在車子裡，若你沉浸在自己的思緒中，認定自己已完全了解對方，你的摯愛將會慢慢地死去。但若有正念，你的作意會灌溉日漸枯萎的花朵。「我知道你就在這裡，在我身邊，我因而感到非常快樂。」透過作意，你將能發現許多嶄新而奇妙的事物，例如對方的喜悅、潛藏的才能、內心最深處的抱負。若你不修習如理作意，你怎能說深愛她呢？

正念的第四項奇蹟是減輕他人的苦。「我知道你正在受苦，這就是我為了你而出現在此的原因。」這樣的心意，你可用言語或光憑注視她的方式來傳達。若你並非真正地活在當下，心裡還想著其他事情，減輕痛苦的奇蹟就不可能實現。在困頓時，如果有朋友能真正與你同在，你知道自己是有福的。所謂「愛」，就是以如理作意滋養對方，當你修習正念時，你就讓自己與對方同時活在當下。「親愛的！我知道你就在那兒，對我來說，你的存在珍貴無比。」你們在一起時，若你不如此表達出來，當她逝世或發生意外時，你就只能哭泣了，因為在意外發生前，你不知如何和她真正快樂地在一起。

有人臨終時，如果你能堅定地坐在他身邊，僅僅這個舉動，就有可能幫助他安詳辭世。你的存在就如同能產生轉化效應的神聖語言，當你的身、語、意圓滿合一時，在你誦出任何一個字之前，咒語就已經發揮效用了。正念的前四種奇蹟屬於禪修的第一種層面——奢摩他（shamatha），即停止、平靜、休息、療癒。一旦你讓自己平靜，停止散亂，你的心將集中於一處，你將隨時可以開始深入地觀察。

正念的第五項奇蹟是深入觀察（vipashyana，毗婆舍那，「觀」），它也是禪修的第二種層面。因為你平靜而專注（止），所以是真正地活在當下，可以深入地觀察（觀）。你散發正念之光，照耀在自己作意的對象上，也照耀著自己。你觀察作意的對象，也看到自己的藏識中充滿著奇珍異寶。

正念的第六項奇蹟是了解。我們理解某事時常說：「我明瞭（I see）。」也就是「看見」（see）了前所未見之處，「看見」與了解來自於我們的心中。當我們正念地深入接觸當下這一刻時，就能看得深入，聽得深入，而其成果永遠都是了解、接受、愛及拔苦予樂的渴望。了解正是愛的基礎，當你了解某個人時，就會情不自禁地愛上對方。

正念的第七項奇蹟是轉化。當我們修習正念時，就觸及到了生命中具療癒功能與令人重新振奮的要素，並開始轉化自己和世間的苦。為了自己的身心健康，我們想要戰勝某種習慣（例如吸菸），但剛開始修習正念時，習氣仍會勝過正念，所以我們不期望自己能在一夜之間就戒菸成功，只要在吸菸時清楚地知道自己正在吸菸即可。我們繼續修行，深入地觀察，並看到吸菸對我們身心、家庭與社區造成的影響，這時就會下定決心戒菸。這並不容易，但修習正念可以幫助我們看清自己的欲望和隨順習氣所造成的結果，最終我們會發現戒除之道。共修的僧團很重要，曾經有個人努力戒菸多年卻徒勞無功，他來到梅村的第一天就戒菸成功了，「這裡沒人吸菸。我為什麼要吸呢？」可見團體的力量有多麼強大。要改變一種習氣可能要花好幾年的時間，然而一旦我們確實去做，就能停止輪迴，也就是停止了許多世以來的苦與愚癡的惡性循環。

修習正念的七種奇蹟，有助於我們過著快樂、健康的生活，轉化痛苦，帶來平靜、喜悅與解脫。

第一念處——於此身中念身

佛陀在《念處經》（*Satipatthana Sutta*）⑬提出修習正念的四種對象：我們的身體、感受、心和心的對象（法）。許多佛教國家的僧眾都熟記此經，當他們過世時，眾人對他們念誦的也是這部經。每週至少誦念一次《念處經》，再加上《入出息念經》（*Anapanasati Sutta*）⑭、《一夜賢者經》（*Bhaddekaratta Sutta*）⑮，將會很有助益。或許你會想把這三部經放在床邊，或當成旅行時的隨身經典。

四念處是我們所依處的根基，少了它們，我們的房子就像廢棄的空屋，無人打掃整理，我們的身體將變得污穢邋遢，感受會充滿痛苦，心裡積藏著一大堆煩惱。當我們真正在家時，我們的身心、感受都將會是自己與他人的庇護所。

第一念處是「於此身中念身」（mindfulness of the body in the body）。有許多人厭惡自己的身體，覺得那是一個障礙，因此想虐待它。當梅村的比丘尼吉納（Jina）法師教導瑜伽時，一開始總會說：「讓我們清楚地覺知自己的身體。吸氣時，知道自己的身體正站在這裡；呼氣時，對自己的身體微笑。」以此方式練習，我們重新認識自己的身體，並與它和平共處。

在《身至念經》（*Kayagatasati Sutta*）中，佛陀提出一些方法，幫助我們知道自己身體當下的情況⑯。我們以非二元對立的方式觀察，即使在觀察身體的同時也全然住於自身中。一開始先標記自己身體的一切姿勢與動作，坐時知道自己正坐著，站立、行走或躺臥時，也都知道自己正在站立、行走或躺臥，如此練習，正念就會現前。這種修行稱為「純粹的辨識」（mere recognition）。

佛陀教我們「於身念身」的第二種方法，是辨識自己身體從頭到腳的所有部位。若頭髮是金色的，我們就辨識這一點，並微笑以對，若頭髮灰白，也同樣地辨識與微笑。我們觀察自己的額頭是否光滑或有皺紋，以正念觸及自己的鼻子、嘴巴、雙臂、心臟、肺臟及血液等。佛陀描述這種辨識身體三十二個部位的修行方式，他用了一個譬喻：就如農夫爬上穀倉頂樓，取下一大袋豆子、穀物與種子，他把袋子放在地上打開，將裡面所有東西都攤在地上，清楚地辨認哪些是稻米、豆子或芝麻。以此方式，我們辨識自己的眼睛是眼睛、肺是肺等等，在禪坐或靜臥時都可做這樣的練習，如此以正念掃瞄全身可能需要半小時。觀察身體每個部位時，我們都微笑以對，這種禪修所生的愛與關懷可以發揮治療的效果。

佛陀就「於身念身」所提出的第三種方法，是看到構成身體的地、水、火、風四界（四種要素）⓱。「吸氣時，我看見自身中的地界；呼氣時，我對自己的地界微笑。」「地界」意指堅固的事物。當我們在身體內、外看見地界（譯按：即「內地界」、「外地界」），就了解我們自己與宇宙之間的其餘一切其實並無界限。其次，我們辨識自身內、外的水界（譯按：即「內水界」、「外水界」），「吸氣時，我清楚覺知自身中的水界。」我們的身體有百分之七十以上是水，這個事實就是我們禪修的對象。接著我們要辨識自身內、外的火界（譯按：即「內火界」、「外火界」），也就是熱度；生命要存在就必須有熱度。以此方式練習，我們會一再地看清自身內、外的四界屬於同一實相，我們就不會再受限於身體，而能遍一切處。

身體的第四種要素是「風」。體驗風界最佳的方式是修習觀呼吸，「吸氣時，我知道自己在吸氣；呼氣時，我知道自己在呼氣。」說了完整的句子後，可在吸氣時簡略地說「吸」，呼氣時說「呼」。無論吸入的氣是長或短、是深或淺，都別試圖控制呼吸，只是自然地呼吸，並以正念之光照耀著它。這時，我們注意到呼吸會自然而然變得比較緩慢而深入，「吸氣時，我的入息變深；呼氣時，我的出息變慢。」此時，我們可練習「深／慢」。我們無需費力，呼吸自然會變得深而緩，而我們也辨識這樣的變化。

稍後，你可能會注意到自己變得比較平靜自在，「吸氣時，我感到平靜；呼氣時，我感到自在，不再掙扎了。平靜／自在。」然後，「吸氣時，我微笑；呼氣時，我釋放所有的憂心與焦慮。微笑／釋放。」我們可對自己微笑，釋放一切憂慮。我們臉上有超過三百條肌肉，知道如何吸氣及微笑時，這些肌肉就能放鬆，這是「嘴部瑜伽」（mouth yoga）；我們微笑，並得以釋放所有的感受與情緒。最後一項練習是「吸氣時，我深深地安住於當下；呼氣時，我知道這是美妙的一刻。當下一刻／美妙時刻。」再也沒有什麼比全然活在當下、全然覺知當下更珍貴的了。

吸，呼
深，慢

平靜，自在
當下一刻，美妙時刻

以上這首短詩可用於坐禪或行禪中，對你會大有助益且具有療效；至於每一行詩所運用的時間長短，可隨個人喜好調整。

另一種幫助自己覺知呼吸的練習方法是「數息」，吸氣時數「一」，呼氣時再次數「一」，繼續往下數「二／二」、「三／三」，一直數到「十」；然後倒數，「十／十」、「九／九」，一直數到「一」。若計數時沒有漏失，你就知道自己專注的程度相當不錯；要是數漏了，就回到「一」，從頭再數起。放輕鬆，這只是個遊戲。當你能成功計數時，就可隨意放掉數字，只要說「吸」、「呼」即可。有意識地呼吸是一種喜悅。當我發現《安般守意經》時，覺得自己是世上最快樂的人，兩千六百年來一直做這些練習的團體，將這些法門傳承給我們⑱。

第二念處——於諸受中念受

第二念處是「於諸受中念受」（mindfulness of the feelings in the feelings）。阿毘達磨的論師們列出五十一種心所，受（vedana）是其中之一。我們內在有一條感受之河，其中每一滴水都是一種不同的感受。要觀察自己的感受，我們只要坐在河岸，在每個感受流過而消失時清楚地辨識即可，感受可能是快樂的、苦的或不苦不樂的。當我們擁有樂受時，可能會傾向執著這種感受；有苦受時，則很可能會想去之而後快。但就這兩種情形而言，比較有效的作法是回歸自己的呼吸，單純地觀察現前的感受，靜靜地分辨它：「吸氣時，我知道心裡有樂（苦）受；呼氣時，我知道心裡有樂（苦）受。」為每種感受命名，例如「喜悅」、「快樂」、「憤怒」或「悲傷」，這能幫助我們分辨、看清感受。在幾分之一秒間，就有許多感受會生起。

若呼吸變得輕鬆平穩，這是有意識地呼吸的自然結果，我們的身、心也會慢慢地變得輕鬆、平靜而清晰。感受也會有同樣的變化，它們並非獨立於我們之外而存在，也不是僅由外界的某個事物所引發，它們「就是」我們本身，在感受存在的那一刻，我們就是它們。無需因為它們而沉醉或驚恐，也不必排斥，修習不執著或不排斥感受是禪修中很重要的一部分。若以關懷、慈愛和非暴力來面對感受，就能將它們轉化為健康而有益的能量。

任何一種感受生起時，正念會辨識它們，並僅僅去辨識它是什麼，以及斷定它是樂受、苦受或不苦不樂受。正念就如同母親，孩子可愛時，她愛孩子，而當孩子哭泣時，她的慈愛也不曾稍減。發生於我們身心的一切都需要平等地照顧，我們不掙扎，而是對感受說「嗨！」以便更深入地相互了解，那麼下次當相同的感受再生起時，我們就能更平靜地問候它。

我們可以擁抱自己所有的感受，即使如瞋怒這種令人難受的感受也不例外。瞋怒，是我們內在一把熊熊燃燒的火，讓我們七竅生煙。瞋怒時要自我安撫：「吸氣時，我平息自己的瞋怒；呼氣時，我照顧自己的瞋怒。」一旦母親照顧懷中哭泣的孩子，多少能減輕孩子的難受；當我們以正念擁抱瞋怒時，立刻就能減輕自己的苦。每個人都有情緒不好的時候，若受情緒掌控，就會變得筋疲力盡。當我們不知如何照料自己的情緒時，它們就會變得更強烈，而當它們比正念的力量更強大時，我們就會受苦。倘若我們日復一日修習有意識地呼吸，正念就會成為一種習慣。別等到被某種感受完全控制住了才開始修行，那可能就太遲了。

第三念處——於心中念心

第三念處是「於心中念心」（mindfulness of the mind in the mind）。覺知心（chitta）即覺知心行（chitta samskara）。「行」（samskara）⑲是佛教的專用術語，任何組合而成的或由其他事物所構成的事物，都是「行」。一朵花是一種「行」，瞋怒是一種「行」，即心所。有些心所自始至終都存在，因此稱為「遍行」（如觸、作意、受、想、思），有些只在特定情況下才生起（如欲、勝解、念、定、慧）。有些令人振奮，幫助我們轉化苦（善心所），其餘的則是沉重的枷鎖，把我們困在痛苦中（不善心所）。

有些心所有時善有時不善，例如眠、悔、尋和伺。當我們的身心需要休息時，睡眠是善的，但假如整天睡覺，那就是不善。若因為傷害了人而後悔，這樣的懊悔心是善的，但如果懊悔導致罪惡感，因而影響自己未來的一切作為，那種懊悔就是不善的。當尋和伺幫助我們看清楚，它們就是善的，可是若心散亂，妄念紛飛，那種尋和伺便是不善的。

我們的意識有許多美好的層面，例如信、慚、愧、無貪、無瞋、無癡、精進、輕安、不放逸、行捨和不害。相反的，不善的心所就如混亂的線團，我們想解開糾結，卻只是將亂線纏繞在自己身上，直到動彈不得為止。因為這些不善的心所會為自己與他人帶來痛苦，所以有時稱為「煩惱」（kleshas）；有時則稱為「蓋」，因為它們讓我們困惑而迷失方向；又因為它們如破裂的花瓶，有時也稱為「有漏」。根本的不善心所包括貪、瞋、癡、慢、疑與不正見，源於這些根本煩惱的隨煩惱⑳則有：忿、恨、諂㉑、惱、嫉、慳、誑、覆㉒、放逸、害、無愧、憍㉓、昏沉、掉舉㉔、不信、懈怠、無慚、失念、散亂、不正知。根據佛教唯識宗的說法，總共有五十一種心所，感受也包括在內。既然感受本身是第二念處，那麼其他五十種心所就成為第三念處的範疇。

每當一種心所出現時，我們可練習「純粹的辨識」。當我們處於掉舉時，只要說：「我掉舉。」此時正念已經現前。在未清楚辨識掉舉之前，它會擺布我們，使我們不明白當下的狀況，也不知背後的原因。修習心念處並不代表不起掉舉，而是表示在掉舉時，明白自己是掉舉的。在我們的內心中，掉舉有個好朋友——正念。

所有的心所都以種子的形式埋在藏識中，即使掉舉還未在意識中現行，它已是埋在藏識中的一顆種子，而當我們所做的某件事灌溉了掉舉的種子時，它便會在我們的意識中現行。每個現行的心所都需要辨識，若那個心所是善的，正念就會培育它，否則正念就會促使它回歸藏識，暫停活動。

我們可能以為自己的掉舉只屬於個人，但仔細觀察，就會明白它是從所處的整個社會和許多世代的祖先那裡繼承而來的。個人意識由集體意識所構成，而集體意識也由個人意識所構成，兩者無法分割而獨立。深入探察自己的個人意識時，便會觸及集體意識，例如我們對美、善、快樂的觀念，同時也是整個社會的觀念。每年冬天，服裝設計師展示來年春天的時尚，而我們透過集體意識的鏡頭觀賞他們的創作，正因是以集體意識的眼光觀看，我們才會購買流行服飾；相反的，深居在亞馬遜河上游的人，肯定不會花同樣一筆錢來購買這樣的服飾，因為他們根本不認為它漂亮。從事文學創作時，我們也同時運用個人意識與集體意識。

我們常說意識不同於藏識，但藏識只不過是深層的意識而已，若仔細觀察自己的種種心所，就能看見它們根植於我們的藏識中。正念幫助我們深入觀察自己藏識的深處，每當五十一種心所中任何一種生起時，我們識知它的存在並深入觀察，進而看到它無常與相互依存的本質。如此修習的同時，我們解脫了恐懼、傷痛和內在燃燒的怒火。當正念擁抱我們的喜悅、悲傷與其他種種心所時，我們遲早會看見它們根源的深處，隨著正念中跨出的每一步、呼吸的每一口氣，我們看見心所的根，正念照亮它們並促使它們轉化。

第四念處——於諸法中念諸法

第四念處是「於諸法中念諸法」（mindfulness of phenomena in phenomena），「諸法」

（dharmas）意指「心的種種對象」。每個心所都得有個對象，若你生氣，那必定是有人或事物使你生氣，它們就是你心的對象；當你回想起某人或某事時，那也是心的對象。一共有五十一種心所，所以就有五十一種心的對象。

注意傾聽鳥兒唱歌，牠的歌聲即是心的對象；眼見藍天時，藍天就是心的對象。當我們注視一根蠟燭時，蠟燭的觀念或影像便會在我們心中生起，在此，「想」的對象是一種「相」（lakshana）。中文裡的「想」是由「相」與「心」這兩個表意文字所組成，每個「想」都是一種相，即心中的一個意象。

「擇法覺支」（dharma-pravichaya）是七覺支（bodhyanga）[25]之一。觀察諸法時，有五種禪修可幫助我們平靜內心：㈠數息；㈡緣起觀；㈢不淨觀；㈣慈悲觀[26]；㈤界差別觀。

什麼是界差別（不同的界或領域）？首先，有十八界（dhatus），包括眼、色（視覺的對象）及造成視覺的識（可稱之為「眼識」）；耳、聲與耳識（與聽覺相關的識）；鼻、香（氣味）與鼻識（與嗅覺相關的識）；舌、味與舌識（與味覺相關的識）；身、觸與身識（與觸覺相關的識）；意、法（心的對象）與意識。這十八界促成宇宙的存在，若我們深入觀察它們，並看到它們的本質與根源，就能超越無明與恐懼。

佛陀在《多界經》（*Bahudhatuka Sutta*）[27]中教示，我們所有的焦慮與困境都來自無能力看見事物的真正面目或真相，那表示我們雖能看見事物的表象，卻無法辨識其無常與相互依存的本質。倘若我們感到害怕或不安，那麼，這份恐懼或不安的根源，就是我們尚未看見諸法實相，若能探究及深入觀察十八界，就可轉化無明，克服恐懼與不安。

尊者阿難有天在禪坐時，領會一切焦慮、恐懼與不幸的生起，都是由於我們不了解色法與心法的真實本質；稍後，他請教佛陀這樣的領悟是否正確，佛陀說「是」，並首先解釋洞察十八界的必要性。

阿難接著請問：「是否有可能以另一種方式洞察十八界？」佛陀回答：「有，我們可以說有六界（Six Elements）。」這六界是地、水、火、風四界（mahabhuta，四大種），加上空與識。一切色法都由這六界構成，若我們在自身、周遭觀察這六界，會看到我們自己並未獨立於宇宙之外。這樣的洞見讓我們脫離生死觀念的束縛。

然後，佛陀教導阿難六界（Six Realms），亦即樂、苦、喜、憂、捨、無明。快樂有真實的或虛妄的，因此我們必須探察其本質及超越執著。真實的快樂是有益的，能讓自己與他人得以成長；虛妄的快樂雖然能帶來暫時的愉悅，幫助我們忘掉痛苦，但並非長久有益的，實際上反而是有害的，例如菸、酒就是如此。受苦時，若深入觀察苦因，可能就會明白，導致我們痛苦的事物正是重拾快樂所必須的。其實，對快樂而言，苦是不可或缺的，要知道寒凍之苦才能享受及欣賞溫暖。若深入觀察喜界，我們就能看出這喜悅是真實的，或僅是掩飾痛苦與焦慮而已。焦慮，是我們這時代的一種病症，它主要來自無法安住於當下。

「捨」是進一步的修行，可以帶給我們很大的快樂。有名越南婦女搭船逃離家鄉，隨身攜帶的黃金卻在公海上被洗劫一空，當時她難過得幾乎要發狂，甚至想自殺，但她在岸上遇到一個連衣服都被搶光的人，這人已真正捨離了一切，所以臉上帶著微笑，看到這幅景象對這位婦人幫助很大。捨離讓我們自在，而自在是快樂的唯一條件，若我們心中還有恐懼、焦慮或財物等任何執著，我們就無法自在。

佛陀又教導另一組六界：欲、離欲㉘、瞋、無瞋、害、無害。假如我們深入地觀察自己的貪欲，就會看到自己早已擁有渴欲的對象，因為每件事物都已是其他事物的一部分了。這樣的洞見能帶我們離開欲界，進入解脫界。瞋怒之火日夜在我們的心中燃燒，讓我們受苦，比讓我們生氣的人危害更甚；當瞋怒消失時，我們感到輕鬆自在。安住於無害界就是慈愛，我們的世界充滿仇恨、暴力，那是因為我們未花時間增長早已存在心中的愛與慈悲；無害是一種重要的修行。

此外，還有欲界、色界及無色界三界。色界與無色界描述某些禪定境界，在色界中，物質較為精微，無色界中的所有物質是極精微；而欲界中的物質則以最粗顯的型態呈現，且人們也不禪修。這三界是我們的心所創造，若心中有貪欲、瞋恚、害意，我們就猶如一座火宅；若心中無貪欲、瞋恚或害意，則能創造出涼爽清澈的蓮池㉙。每當我們修習正念時，就猶如躍入那清涼的池水。站立時只要知道自己正在站立，坐下時只要知道自己正坐著，無需增刪任何一物，我們只需要覺知。

最後，佛陀教導以有為（samskrita）、無為（asamskrita）二界為緣而禪修。有為界中有生死、前後、內外、小大，在無為的世界裡，我們不再受制於生死、來去、前後。有為界屬於歷史的向度（historical dimension），它是波浪；無為界則屬於究竟的向度（ultimate dimension），它是水；這兩界是不可分的㉚。

為了擺脫狹隘見解而達到解脫，以及為了獲得無畏與大悲，就得修習緣起觀、無常觀和慈悲觀。在坐禪時，要專注於某些對象相互依賴的本質。要記得，能認知的主體無法獨立存在於所認知的客體之外。看，即看見某物；聽，即聽到某種聲音；生氣，必然有其對象；希望，必定有冀求的目標；思惟，會有思惟的內容。所知的客體不存在時，不可能有能知的主體，請深思、親見主體與客體的相互依存。當你修習正念的呼吸時，呼吸就是心；修習身念處時，身體就是心；修習正念於外界對象時，那些對象就是心。因此，觀主、客體的相互依存也是觀心。心的每個對象本身都是心，在佛教裡，我們將心的對象稱為「諸法」。

觀緣起是深入觀察一切諸法，目的是為了洞悉諸法的真實本質，為了將諸法視為實相之「體大」㉛的一部分，也為了看清實相之「體大」是不可分割的，無法被切割成具有各自獨立自性的斷片。

心的對象可以是一座山、一朵玫瑰、一輪明月，或站在面前的某個人。我們以為這些對象存在於我們之外，是各自獨立的實體，其實這些「想」的對象正是我們自己。這也包括我們的感受，當我們恨某人時，我們同時也是在恨自己。我們念的對象實際上是整個宇宙；念，就是正念於色、受、想與任何一種行（心所），以及藏識中的一切種子。四念處包含宇宙中的一切，宇宙間萬事萬物都是我們「想」的對象，那麼就其本身而言，它們不單存在於外界，也存在於我們之內。

倘若深入觀察枝頭的嫩芽，我們會看見它的本質，它雖微小，卻也一如大地，因為嫩芽中的樹葉有天會成為大地的一部分。若我們發現宇宙中一件事物的真相，也就看見整個宇宙的本質。藉由正念和深入觀察，宇宙的本質自會展現，而非將自己的觀念強加於宇宙的本質之上。

佛即是整天保持正念的人

靜坐時觀照呼吸是很棒的修行，但那是不夠的，為了能轉化，我們必須全天候修習正念，而非只在蒲團上才修行。正念即是佛，正如植物對陽光敏感，心所也很容易因為正念而產生反應。正念，是能包容、轉化一切心所的能量，它幫助我們放下「顛倒想」，喚醒我們正視眼前發生的一切。當釋廣德比丘（Thich Quang Duc）自焚，將自己變成一支火炬時，全世界的人都意識到當時越南是一處火坑，而他們不能袖手旁觀㉜。修習正念時，我們與生命相接觸，因而能付出愛與慈悲，減輕苦難，帶來喜悅與幸福。

別迷失在過去與未來，別陷入自己的瞋怒、憂慮或恐懼中，回到當下，深入體會生命，這就是正念。我們無法同時正念於一切，所以必須選擇覺得最有趣的事物作為正念的對象。藍天很美妙，孩童美麗的臉龐也很棒，重要的是活著，與身邊一切生命的奇蹟同在。

佛陀在多次說法中談論戒、定、慧三學，持戒就是修習正念，若不持戒，就不是在修習正念。我知道有些學禪的人以為可不用持戒而禪修，這種想法是錯誤的。佛教禪修的核心即是修習正念，而修習正念即是持戒，不持戒根本無法禪修㉝。

當我們修習正念時，我們會引發自己內在與周遭其他人心中的佛陀的力量，這力量足以拯救世界。所謂「佛」，就是一天二十四小時都保持正念的人；而我們只是「兼差的」佛。吸氣時，我們以正念的力量運用自己的佛眼看世間；當我們以自己的佛耳傾聽時，便能恢復溝通，大幅減輕苦；當我們將正念的力量貫注在雙手時，我們的佛手就能護衛我們所摯愛者的安全與完好無缺。

深入觀察自己的手，看看其中是否有佛眼。西藏、中國、韓國、越南與日本的佛寺中，都供奉著千手觀音菩薩（助人需要運用很多隻手），而其每隻手掌中都有一隻眼睛。手代表行動，眼睛則代表洞見與智慧。缺乏智慧，我們的行動可能會使人受苦。或許我們的動機是想讓人快樂，但若少了智慧，我們做得愈多，製造的麻煩可能就會愈多。除非我們的愛來自智慧，否則就不是真愛。正念是一種力量，能將佛眼帶入我們的雙手，有了正念，我們便可改變世界，為許多人帶來快樂。這並不抽象，每個人都有可能在日常生活中的每一刻產生正念的力量。☸

第四章　正語

正念第四學處──正語

我覺知到，由於未正念地言談以及缺乏傾聽的能力所造成的痛苦，因此為了給人帶來喜悅與快樂，並減輕他人所受的苦，我會致力於培養愛語與深入傾聽的能力。我知道言詞可能帶來快樂或痛苦，因此我決心說話誠實，說能激發自信、喜悅與希望的話。我不傳布自己不確定的消息，也不批評或譴責不確定的事。我會克制自己，絕不挑撥離間或搬弄是非，以免家庭失和或團體分裂。我決心竭盡全力化解所有大大小小的衝突對立。

這是正念第四學處㉞，它詳盡地說明了「正語」。

在我們這個時代，通訊技術已變得相當精密複雜，幾乎立刻就能將訊息傳到地球的另一個角落，然而在此同時，人與人之間的溝通也變得非常困難，父親無法與子女交談，夫妻、夥伴之間也不能溝通。溝通的管道阻塞，我們的處境非常艱困，不僅國與國之間如此，人與人之間也是如此。因此，修習正念第四學處極為重要。

正語的傳統解釋如下：

（一）**不妄語**（說話誠實）——當某件東西是綠色時，就說是綠色，不能說是紫色。

（二）**不兩舌**——不能向彼說此，向此說彼。雖然為了幫助對方了解我們的意思，對不同的人可用不同的方式描述真相，但我們必須忠於事實。

（三）**不惡口**——不咆哮、不誹謗、不詛咒，不說造成痛苦或仇恨的話。即使心地善良、無意傷人的人，有時也會說溜嘴而講出惡毒的話。我們心中有成佛的種子，也有許多束縛或結使（samyojana）㉟，當我們說出有害的話語時，往往是由於自己的習性。我們的言語有很大的影響力，會造成別人內心的情結，讓人失去生活的目標，或甚至逼人自殺，我們絕不可忘記這一點。

（四）**不綺語**——我們不必為了讓事情聽起來比實際情況更好、更壞或更極端，而作不必要的誇大描述，好比說見人略有慍色，我們就別說他暴跳如雷。修習正語即是改變習慣，讓自己所說的話是發自內在佛性的種子，而非來自尚未解決或不善的種子㊱。

以正思惟而說正語

正語的基礎是正思惟，言語是讓思考得以發聲表達的途徑，一旦說出口，我們的思緒就不再屬於個人私有，這時就等於是把耳機交給別人，允許他們聽見我們心中正在播放的錄音帶。當然，有些事是我們不願說出口的，於是意識的某部分必須扮演編輯的角色，若認為有些話說出來會遭到批評，意識中的這名「編輯」就會審查剪裁。但有時當朋友或心理治療師提出一個意料之外的問題時，我們就會受到誘導而說出原本想隱藏的真話。

有時心中充塞的苦楚，可能會在未經思考的媒介下發為言語（或行動），這是因為我們的苦日積月累，到了再也無法壓抑的地步，尤其是在未曾修習過正念的情況之下。發抒痛苦有可能會傷害自己與別人，但在未修習正念之前，我們可能不知自己心中有什麼東西正在擴大，然後說出或寫出原本不願言明的事，連自己也不明白那些話是從哪裡冒出來的。本來無意出口傷人，卻仍說了傷人的話；原本一心一意只想達到和諧、諒解，卻偏偏言語刻薄。

為了灌溉心中和平的種子，我們必須在行、住、坐、臥等行動中時時修習正念，有了正念，所有的念頭和感受全都一目了然，且清楚每個念頭對自己是有害或有益的。若繼續保持正念，當念頭化為言語表達出來時，我們就會知道自己正在說什麼，也知道它是有用的或者會製造問題。

正念地傾聽，重啟溝通

深入傾聽是正語的根基，倘若我們不能以正念傾聽，就無法修習正語，不論說什麼都不會是正念分明的，因為我們說的只是自己的想法，而非針對對方的回應。《法華經》勸人以慈眼見、聞，慈心傾聽則可療傷止痛，當有人如此傾聽我們說話時，我們馬上就會感到幾分寬慰。好的心理治療師總是不停練習深入、慈悲地傾聽，我們也要學習這麼做，才能治好自己所愛的人，重建與他們的溝通管道。

當溝通管道被切斷時，我們所有人都會感到痛苦，再也沒有人聽我們說話，沒有人了解我們，我們成為一顆隨時會爆炸的砲彈，因此恢復溝通的工作刻不容緩。有時，只要深入傾聽十分鐘，就能轉變我們，而讓我們重拾微笑。觀音菩薩就是傾聽世間哀嚎的人，她具有深入傾聽而不加以評斷或反應的特質。當我們全心全意地傾聽時，很可能就拆除了一堆炸彈；倘若對方覺得我們批評他或她所說的話，他們的痛苦就得不到紓解。當心理治療師正確傾聽時，患者便有勇氣說出以前一直無法對任何人開口的事。深入傾聽會讓說話者和傾聽者雙方都得到滋養。

我們許多人在自家中都已喪失了傾聽及使用愛語的能力，甚至可能沒有人能聽進其他任何人說的話，所以就算人在家裡也會感到寂寞。正因如此，我們只得找心理治療師，希望他們能好好聽我們說話，但許多治療師本身也有很深的苦，有時也未必能如其所願地深入傾聽。因此，若你真的愛某個人，就訓練自己成為一個善於傾聽的人，成為心理治療師吧！

倘若你知道如何自我訓練，成就深入而慈悲的傾聽藝術，那麼對摯愛的人來說，你可能會是世上最好的心理治療師。運用愛語也是必要的，我們已喪失平靜敘述的能力，動不動就會發怒，每次一開口就是尖酸刻薄的話。我們知道這是實情，我們已無法親切和藹地對人說話，這就是正念第四學處的訓練重點。恢復和平、慈愛的關係是如此重要，若不能完成這樣的訓練，就無法成功地恢復和諧、愛與快樂，所以修習正念第四學處是一份珍貴的禮物。

因為喪失了平和、慈悲地傾聽彼此的能力，許多家庭、夫妻及人際關係都破裂了，我們已經喪失運用平和、慈愛語言的能力，所以要重建溝通能力，正念第四學處非常重要。修習此學處，成就傾聽和愛語的藝術，會是很棒的一份禮物。例如，某個人可能很難過，家中卻無人能靜靜地坐在旁邊聽他（或她）吐露心聲，若有人能平靜地坐在他身旁，全心全意傾聽一小時，那麼他原先的痛苦將會大幅減輕。當你極度痛苦又無人能聽你傾訴時，痛苦就會一直存在；如果有人能聽你傾吐，能了解你，那麼只要一小時的相處，你就會感到如釋重負。

學習觀音菩薩，慈悲地傾聽

佛教徒經常會談到觀音菩薩，那是個具有非凡能力的人，可以慈悲且真誠投入地傾聽。「觀音」代表的是能傾聽且了解世間音聲（即眾生在苦中哀嚎）的人，心理治療師努力如此修習，他們滿懷慈悲，靜靜地坐著聽你說話，不評斷、不批評、不譴責，也不作價值判斷，只是單純地為了幫助你減輕痛苦。當心理治療師能如此聽你說話一小時，你就會感覺好過多了。然而，心理治療師必須修習才能永遠保有慈悲、專注和深入傾聽的能力，否則他們傾聽的品質會相當低劣，聽了一小時後，你也不會覺得有任何改善。

我們要修習正念地呼吸，這樣慈悲才能在心中長存。「我正在傾聽他講話，不僅因我想知道他心裡想什麼，或想給他忠告，更是因為我想減輕他的痛苦。」這就稱為慈悲的傾聽，在整個傾聽過程中要心懷慈悲，以此方式傾聽就是傾聽的藝術。倘若傾聽過程中出現煩躁或瞋怒，你就無法繼續傾聽，所以一有煩躁、瞋怒生起時，你就必須修習，讓自己能正念地呼吸，同時保持慈悲。藉由慈悲，你才能傾聽對方說的話，不論他說什麼，即使他看待事情的角度有許多偏頗與不公正，或者譴責怪罪你，你都要繼續安靜坐著，同時正念於每個呼吸，持續心中的慈悲一小時，這就是慈悲的傾聽。若能這樣傾聽一小時，對方心裡會大為舒坦。

倘若你覺得自己無法繼續如此傾聽，可問對方：「親愛的，我們可以過兩天再繼續嗎？我自己需要充電，要先修習一段時間，才能以最好的方式聽你分享。」當你狀況不佳時，就無法以最好的方式來傾聽。為了恢復慈悲傾聽的能力，你需要更多行禪、正念的呼吸、坐禪等方面的修習。這就是修習正念第四學處，亦即訓練自己心懷慈悲地傾聽，這是非常重要且珍貴的禮物。

有時我們會因為嘴笨而造成別人的心結，然後還說：「我剛剛只是說實話罷了！」那也許是實話，但若我們陳述的方式導致對方不必要的痛苦，那就不是正語了。事實是要以別人可以接受的方式來表達，會造成傷害或毀滅的話不是正語。開口前，必須了解你要交談的對象，每個字都要考慮清楚後再說出口，如此一來，你的言語無論在形式或內容上都會是「正確的」。

正念第四學處也和愛語有關，你有權對另一個人坦白心中所想的一切，條件是只能用愛語，如果你無法平靜地開口，就不要當天說，而是先說：「抱歉！親愛的，我明天或後天再告訴你吧，因為我今天狀態不太好，我怕會出口傷人。所以，請讓我改天再跟你談這件事。」只在自己確定能平靜地運用愛語時，再開口說話，你必須訓練自己做到這一點。

《法華經》中有位妙音菩薩，他能因應不同的對象，以對方的語言交談。對需要音樂語言的人，他就使用音樂；對了解醫藥語言的人，他則以醫藥用語交談。妙音菩薩所說的一言一語都開啟了溝通之門，並幫助他人轉化。我們也可效法這位菩薩，不過這需要決心與技巧。

假設張三、李四兩人彼此不和，我們可到張三面前說李四的好話，然後再跟李四說張三的長處。當張三得知李四正在受苦時，他比較有機會了解、欣賞原本交惡的對方。正語的藝術需要有正見、正思惟，還有正確的修行。

寫信也是一種言語的形式，有時比當面對談更安全，因為在付郵之前你還有時間閱讀所寫的內容。你可邊讀邊想像對方接到此信的情景，由此決定自己所寫的是否善巧、是否適當。你的信必得灌溉對方心中轉化的種子，觸動對方內心某處，才能稱為正語。信中如有任何字句可能引起誤解或不快，請馬上改寫。正念將告訴你，你是否以最善巧的方式來表述事實，信一旦寄出就拿不回來了，所以在寄出之前請從頭到尾仔細讀幾遍。這封信將使寄信與收信雙方都能受益。

當然，你受了苦，但對方也同樣受苦。這正是寫信何以是一種很好的修行方式的原因，它讓你修習深入地觀察，只有當你確定自己已深入觀察後才將信寄出。你無需責備任何人，只需要表達出你自己已經具有更深刻的了解。對方受苦是事實，光是這一點就值得你對他慈悲了；當你開始了解對方的苦，心中自然生起慈悲，所用的語言也會具有療傷止痛的效力。慈悲，是能幫助我們與他人連結的唯一力量，無慈悲心的人永遠都不可能快樂。當你對寫信的對象修習深入觀察時，慈悲就會生起；在生起慈悲的那一刻，即使信還未寫完，你已經覺得好過一些了。信寄出後，你的心會更舒坦，因為你知道對方讀了信後也會覺得好過。每個人都需要了解與接納，而此時你能表達自己的了解，像這種方式的寫信，便可重啟溝通之門。

寫書或寫文章也可如法炮製。寫作是一種深刻的修行，即使還未動筆，不論我們當下正在做什麼，例如從事園藝或打掃，我們就已在意識深處構思著書或文章的內容。為了要寫一本書，我們必須投入全部的生命，而不光是坐在書桌前的那段時間。當你寫作時，知道自己所寫的一字一句都會影響其他許多人，我們無權只發抒自己的痛苦——若那會為別人帶來痛苦的話。很多書、詩詞、歌曲會讓人對生命失去信心，今天的年輕人戴著隨身聽，窩在床上聆聽有害的音樂或歌曲，那樣的樂曲澆灌他們心中悲痛和煩躁的種子。在修習正見與正思惟時，我們要把只會澆灌痛苦種子的錄音帶、音樂光碟收在箱子裡，從此再也不聽。為了幫助我們的社會再度朝向和平、喜悅、信心的未來前進，製片、音樂家和作家都需要修習正語。

電話禪是另一種能幫助我們培養正語的修行方法：

言語可傳到千萬里之外，
願我的言語讓彼此產生智慧與愛，
願我的言語如寶石般美麗，
如花朵般可愛。㊲

也許你願意把這首偈頌寫在紙上，貼在電話旁，並在你每次拿起話筒打電話時，持誦這幾行字。這首偈頌表達修習正語的決心，在你說出這些字句的同時，你的心已變得更加平和，洞見也更為清晰，對方將會聽出你的聲音中充滿著清新、活力，你所說的話只會帶給對方很大的快樂，不會造成痛苦。

修習靜默，到處有奇蹟

當我們的禪修更深入時，就能減少語言文字的束縛。我們若能修習靜默，就可如飛鳥般自由自在，觸及事物的本質。越南禪宗諸派中有位開山祖師曾寫道：「別問我其他任何一件事，我的本質是無言的。」㊳要修習正念地說話，有時需要修習靜默，然後才能深入觀察，看清自己的見解，看清什麼樣的心結造成我們的思惟。靜默，是一段讓人深入觀察的時刻，有時靜默即是實相，那就稱為「一默如雷」㊴。孔子所說的「天何言哉？」㊵也可表示是上天告訴我們這麼多，我們卻不知如何傾聽。如果我們以內心的靜默來傾聽，每一聲鳥鳴和每一陣松濤，都在對我們說話。《阿彌陀經》中說，每次風吹過寶樹，就有奇蹟產生，若仔細聆聽，會聽到佛陀正在宣說四聖諦、八聖道。正念幫助我們放慢速度，去傾聽眾鳥、樹林、自心和嘴巴發出的每個字，無論我們說了善意的話或作了倉促的回應，我們都聽得見自己正在說什麼。

言語和思想可能殺生，我們不能以思惟或言語支持殺生的行動。若所從事的工作讓你無法說實話，你可能必須換工作；若工作允許你說實話，請心存感激。為了實踐社會正義和非剝削的理念，我們必須使用正語。☸

第五章
正業

「正業」意指身體的正確行動，這種修行是體會愛及防止傷害，也就是修習對我們自己及他人的非暴力。正業的基礎是以正念去做一切事。

正業是尊重生命，停止殺害

正業和正念五學處中的第一、第二、第三及第五項關係密切㊶。正念第一學處是「尊重生命」：

因清楚覺知毀滅生命所造成的痛苦，所以我誓願培養慈悲心，並學習各種方法來保護人、動物、植物與礦物的生命。我決心不殺生、不教他人殺生，也不支持在世界上或我自己的思想和生活方式中的任何殺生行為。

我們自以為沒殺生，其實未必如此，我們每天在飲食及運用土地、空氣、水等方式中都有可能殺生。對自己的行動保持正念，有助於我們的覺知力，讓我們能停止殺害，展開拯救與協助的工作。

正業是促進社會公義

正念第二學處是「布施」：

因清楚覺知剝削、社會不公、偷竊、壓迫等所造成的痛苦，所以我誓願培養慈心，並學習各種方法，為人、動物、植物與礦物的福祉而努力。我會將自己的時間、精力與物資跟真正需要的人分享，藉此修習布施。我決心不偷盜，也不將任何屬於他人之物據為己有。我會尊重他人的財產，但也會阻止人們利用人類或地球其他生物的痛苦以獲取利益的行為。

這項學處告訴我們，別只是克制自己不取不屬於自己的東西或剝削別人，也激勵我們，要以一種能為社會帶來公義與福祉的方式生活。要學習如何簡單度日，才不會過分取用物資。當我們採取某種行動以促進社會公義時，那就是正業。

正業是為自己的行為負責

正念第三學處是「性行為的責任」：

因清楚覺知不正當性行為所造成的痛苦，我誓願培養責任感，並學習各種方法，保護個人、夫婦、家庭與社會的安全與完整。我決心不涉入沒有愛和長期承諾的性關係。為了維護我自己和他人的幸福，我決心尊重自己的承諾和他人的承諾。我會盡一切努力保護孩童不受性侵害，防止夫婦、家庭因不正當的性行為而破裂。

寂寞不可能只靠兩個肉體在一起而有所減輕，除非同時還有良好的溝通、智慧與慈悲。正念幫助我們保護自己、他人和孩童免遭更多的苦。性行為不當已造成很大的苦，為了保護家庭和個人的完整，我們要盡己所能地為自己的行為負責，同時也鼓勵別人這麼做。修習這項學處時，我們不僅要保護自己和所愛的人，也要保護包括兒童在內的全體人類。當正念之光照耀我們的日常生活時，我們就能穩定地遵循這項學處。

不當的性行為破壞了許多家庭，因為人們對性行為不負責任，所以產生了很大的苦。一個遭到性侵害的孩子將會痛苦一生，而那些曾經遭到性侵害的人有能力成為菩薩，幫助許許多多兒童。你的愛心不僅可以轉化自己的悲痛，也可和別人分享自己的洞見，這就是正業，它能讓你和周遭的人都得到解脫。當你身體力行去幫助身邊的人時，也是在幫助自己。

正業是正念地飲食和消費

正念第五學處是鼓勵我們正念地飲食與消費，這與四聖諦和八聖道全部都有關，但與正業的關係更為密切：

因清楚覺知未正念地消費所造成的苦，我誓願修習正念地飲食與消費，藉此為自己、家人與社會培養健康的身心。我只攝取能保護自己身心，以及讓家庭、社會的集合體與意識獲得平靜、安樂及喜悅之物，其他我一概不予攝取。我決心不飲酒，不服用其他任何迷亂神志之物，也不攝取含有毒素的食物或事物，例如某些電視節目、雜誌、書籍、影片和談話，我很清楚以這些毒素來殘害身心，就是背叛自己的祖先、父母、社會與未來的子孫。我會為自己與社會採用適當的飲食，藉此努力轉化自己內在與社會中的暴力、恐懼、憤怒、迷惑，我知道飲食適當對自我與社會的轉化都極為重要。

正業，表示只將安全、健康的食物帶入身心中。我們為了自己、家庭與社會而正念地飲食，不吃會引發體內毒素的東西，不喝酒也不嗑藥。我們正念地消費，所有的人才能生活得幸福。正念地消費，是要保護我們的身心，以免攝入毒素。有些電視節目、書籍、雜誌及交談，有可能將暴力、恐懼和絕望帶入我們的意識中，所以我們必須正念地消費，以保護自己的身心以及家庭和社會的集體意識。

當我們力行不飲酒時，就是保護自己、家人和社會。倫敦有位女士告訴我：「過去二十年來，我一向每週喝兩杯酒，那不曾對我造成任何傷害，所以我為何要戒除這個習慣呢？」我說：「兩杯酒的確傷不了妳，可是妳確定那不會傷害妳的孩子嗎？妳內在可能沒有酗酒的種子，可是誰知道妳的子女是否具有酗酒的種子？倘若妳能戒酒，那不只是為妳自己，也是為了孩子和社會。」她了解了，翌日早晨就正式接受正念五學處（受持五戒）。這是菩薩行，這麼做不單為自己，更是為了每個人。

法國衛生部建議民眾不要飲酒過量，他們在電視上廣告：「小酌一杯無傷，三杯就招禍。」他們要民眾飲酒知所節制，但如果沒有開頭的第一杯酒，怎麼會有第三杯呢？最高級的保護形式就是不起頭喝第一杯酒，若能克制自己不喝第一杯酒，你不僅是在保護自己，也同時保護所有人。當我們正念地飲食時，不僅可以保護自己的身心，也能保護家庭、社會的共同體與集體意識。如果沒有修習第五學處，我們如何能轉變當前社會的困境？我們消費愈多，就愈感到痛苦，也讓社會愈痛苦，正念地消費似乎是脫離目前狀況的唯一途徑，唯有這條路，才能讓我們的身心、社會共同體和集體意識不再繼續毀滅。

當我們深入地觀察時，可以看見正念五學處和八聖道相互依存的本質。我們運用正念看清自己的飲食和消費是否是正業，當我們修習正念第五學處時，正見、正思惟和正語也都會現前。因此，正念五學處與八聖道各支彼此融攝，尤其是正業。

正業的基礎即是正念

正業以正見、正思惟和正語為基礎，且和正命密切相關。那些依靠製造武器、剝奪他人生存機會、毀滅環境、剝削自然或人類或製造毒素以謀生的人，可能賺了很多錢，但他們所從事的是錯誤的謀生方式（邪命），我們必須正念地保護自己不受他們錯誤行為的影響。若無正見與正思惟，也不修習正語和正命，那麼即使我們自認為正努力往平靜、覺悟的方向前進，這些努力也可能是錯誤的行動。

一個好的老師只需觀察學生走路或叩鐘，就知道這個學生修習了多久。你觀察他的正業，就能看到包含在其中的一切。如此深入地觀察八聖道中的任何要素，你就能測度這個人在整個修道上的修證程度。

要修習正業，有許多事可做，我們可以保護生命、修習布施、做事負責任及正念地消費。正業的基礎即是正念。

第六章

正精進

正精進與邪精進

正精進或正勤，是有助於我們體證八聖道的一種能量。倘若我們汲汲於財物、性或食物，那是邪精進（錯誤的精進）；若整天不停地為名利奮鬥，或努力逃離自身的苦，也是錯誤的精進。表面上看來，我們似乎是精進的，但這不是正精進。禪修也是如此，表面看來我們似乎精進於修行，但若這種修行讓人更加遠離現實或所愛的人，那就是邪精進。如果我們因為坐禪或行禪方式不當，而讓自己的身心受苦，此時的精進就不是正精進，也非以正見為基礎。修行必須明智，以對佛法的正確理解為根基，不是你很努力地修行，就能宣稱是在修習正精進。

中國唐朝時，有位比丘夜以繼日地坐禪，十分勤奮，自以為比其他人都要精進，而為此深感自豪。他日夜如岩石般地禪坐，但他的苦依然未能轉化。有一天，有位禪師㊷問他：「你為何如此努力地禪坐？」他回答：「為了成佛！」禪師拿起一塊磚頭開始磨了起來，比丘問禪師：「師父，您在做什麼？」禪師回道：「我要磨磚成鏡。」比丘很疑惑：「您怎麼可能把磚塊變成鏡子呢？」禪師回應：「那你又怎麼可能靠坐禪而成佛呢？」

修習四正勤，斷惡修善

與正精進有關的修行通常有四種：㈠防止藏識中潛藏的不善種子生起；㈡讓已生起的不善種子重回藏識；㈢設法灌溉藏識中潛藏的善種；㈣助長已生起的善種，好讓它們停留在意識層，變得更強而有力。這四種修行稱為「四正勤」。

「不善」意味著無益於解脫或正道。藏識中有許多種子對於自我轉化一無助益，它們若獲得水分就會茁壯。當貪、瞋、無明、邪見生起時，若能以正念擁抱，它們遲早會喪失力量，回歸藏識。

當善種潛藏而尚未生起時，我們若能加以灌溉，有助於它們出現在意識層中。這些快樂、慈愛、忠誠與和諧的種子需要每天澆水，倘若我們澆灌這些善種，就會感到快樂，這也會促使它們延續更長的時間。讓善心所停留在意識層，這就是四正勤中的第四種練習。

喜悅和興趣可以滋養四正勤，倘若修行沒有為你帶來一絲喜悅，可以知道你的修行並不正確。

佛陀曾問蘇那比丘（Sona）[43]：「你出家前是否真的是樂師？」蘇那稱是，佛陀又問：

「若琴弦太鬆，會發生什麼事？」

蘇那回答：「彈撥琴弦時會發不出聲音。」

「那太緊呢？」

「琴弦會斷。」

「修道也是如此。」佛陀說：「保持身體健康，心懷喜悅，別過分勉強自己。」㊹

我們必須知道自己生理與心理的極限，不應強迫自己修苦行，也不應該迷失在感官欲樂中。正精進位於中道上，是介於苦行和縱情欲樂兩個極端之間。

感受喜悅，自發精進

七覺支㊺的教示也是正精進修行的一部分。「喜」是覺支之一，也是正精進的核心，「輕安」也是正精進不可或缺的覺支之一。其實，不僅是正精進，正念和正定也需要喜及輕安。正精進並不代表我們需要強迫自己，若有喜悅、輕安和興趣，我們自然會努力精進；倘若覺得禪修愉快又有趣，當我們聽到要去行禪或坐禪的鐘聲時，就自然會有參加禪修的力量。假如你沒力氣參加坐禪或行禪，那是因為這些修行並未為你帶來喜悅或轉化，或者是你尚未見到修行的好處。

當我想成為沙彌時，家人都認為出家生活對我來說太辛苦了，但我知道唯有走這條路才會快樂，於是我相當堅持。當我終於成為沙彌時，覺得自己就像天上的小鳥般快樂自在。誦經的時刻一到，我的感覺就像應邀參加音樂會一般，有時在明月高掛的夜晚，出家眾會站在新月形的池畔誦經，那時的我彷佛置身天堂，聆聽著天籟。若是我有其他任務而無法參加早課時，只要聽到大殿傳來唱誦《楞嚴經》詞句的聲音，同樣會心生快樂。慈孝寺（Tu Hieu Pagoda）裡的每個人都喜悅、勤奮又興致高昂地修行，沒有勉強，只有師長與師兄弟的慈愛和扶持。

在梅村，兒童也參與坐禪及行禪，還有靜默地用餐。剛開始時，他們只是為了要和正在修行的朋友共處，但在親自體會禪修的平靜及喜悅後，他們就自動自發地持續下去。有時成人要花四、五年的時間修那種表面的形式，才能嚐到真正的修行之樂。溈山大師曾說：「時光淹忽，歲月蹉跎。」㊻誰能一生致力於修行，誰就有機會接近修行的老師與道友，擁有能帶來無上快樂的千載難逢機會。若我們缺乏正精進，那是因為我們尚未發現自己真正的修行方式，或者尚未深刻感受到修行的必要。正念的生活會很美妙。

晨醒即微笑，
良辰在眼前。
過好每一刻，
慈眼視眾生。㊼

持誦這首偈能帶給我們力量，好好度過這一天。二十四小時是盛滿珍寶的寶盒，若虛度這些時刻，就是浪費自己的生命。修行，就是一醒來就面帶微笑，將這一天視為修行的一個機會，是否要浪費光陰就看我們自己了。當我們以愛與慈悲之眼看待一切眾生時，感覺會很棒；而擁有正念的力量，洗碗、掃地或坐禪、行禪都會更加珍貴。

轉化苦為慈悲，即正精進

苦能驅策我們去修行，當我們處於焦慮或悲傷中，明白這些修行能紓解苦時，我們就會想要繼續修行。要精進努力，才能深入地探究苦，並看清苦因，這樣的洞見將會引導我們明瞭如何終結自己的苦，以及滅苦所需之道。當我們擁抱自身的苦時，便可看見苦的根源，以及了知因為有滅苦之道才有可能滅苦，而這一切的核心就是我們的苦。當我們深入觀察堆肥時，我們會看見鮮花；觀察火海時，也會看到蓮花。擁抱苦而非逃避，正是引導我們達到解脫的道路。

我們不必然要直接對抗自己的苦，有時可以允許苦蟄伏在藏識中，而我們正好藉此機會，以正念接觸自己內在和周遭一些清新且具有療傷止痛的要素，這些要素就像抗體處理入侵血液中的異物一樣，可以處理我們的痛。當不善的種子生起時，我們必須好好處理，而在它們潛伏未發時，我們要做的是讓它們在心識的底層安眠及轉化。

我們以正見看清自己應走的路，而此正見能激發起信心與力量。倘若行禪一小時後覺得有所改善，我們就有決心繼續修行；而當我們看到行禪如何帶給他人平靜時，我們對修行的信心也會大增。只要有耐心，就能發現身邊隨處可見的生之喜悅，力量、興趣和精進也會隨之增進。

修習正念的生活應該是愉快而喜悅的。倘若你每個呼吸都感到喜悅、平靜，那就是正精進；如果你壓抑自己，而在修行中感到痛苦，那可能就不是正精進。檢視自己的修行，看看是什麼因素讓你持續地快樂與喜悅；試著找一個共修團體一起同修，團體中的兄弟姊妹會共同創造一個正念能量的磁場，讓你更容易修行。在老師與道友的陪同下，努力將自己的苦轉化為慈悲、平靜和智慧，同時還保有喜悅與自在。那才是正精進。

第七章 正定

以正定培養專一的心

修習正定便是培養專一的心。「定」字面上的意義是「等持」[48]，既不過高，也不過低；不過於掉舉，也不過於昏沉。另一個表示「定」的漢譯詞是「正心行處」[49]。

定有兩種：歷境隨緣修定（active concentration）與繫心一境修定（selective concentration）。在歷境隨緣修定時，即使事物正在轉變，心依然能安住於當下發生的一切事上。以下這首禪師[50]所作的詩描述這種定：

風來疏竹，
風止而舞竹自停。

風來時，綠竹迎接風的到來；風離去，綠竹亦不挽留。詩中接著說：

雁過秋湖，

雁去而湖不留影。

當大雁飛越時，湖面清楚映現其倒影；在牠飛過後，湖面同樣清楚地映現天空和雲彩。在歷境隨緣修定時，無論出現什麼，我們一律歡迎，不考慮也不渴求其他任何事物，只是以全部的生命安住於當下，不論出現什麼，就如此呈現在眼前，而當我們專注的對象消失了，心依然保持清明，就如平靜無波的湖水。

在繫心一境修定時，我們選擇某個對象並持守不放，無論共修或自修，在坐禪與行禪時都如此修習。我們很清楚有藍天、鳥兒，但將注意力只集中在選定的對象上，若專注的對象是一道數學題，我們就不要看電視或講電話。放下其他一切，只專注在這個對象上。當我們開車時，車上所有乘客的生命都仰賴我們的專注。

我們不以定來逃避苦，禪修是為了讓自己深刻地活在當下。當我們在專注中行走、站立或坐著時，別人就可看到我們的安穩與寂靜。一旦深入度過每一刻，定自然會持續，而持續的定將引生洞見。

正定引生快樂，也會引生正業。我們的定力愈強，生活品質愈提升。在越南，母親經常告誡女兒，若她們專注就會變得更美麗，這種美來自深深地安住於當下；而當年輕女孩漫不經心地走路時，看起來就沒那麼清新可人或從容自在。做母親的也許不是使用這些字眼，但她們鼓勵女兒所做的其實就是修習正定。可惜的是，她們並未要求兒子同樣如此做，其實每個人都需要定。

修習九次第定，轉識成智

禪定有九個次第，前四個次第即是四種禪，這些是色界定，其餘五個次第屬於無色界。修習初禪時我們仍有思惟，但在其餘八個次第，思惟被其他力量所取代了。其他宗教傳統也修無色定，但佛教以外的傳統修無色定的目的，通常是為了逃避苦，而非為了洞見苦後所體證的解脫。當你藉由禪定來逃避自己或自身的處境時，那就是邪定（錯誤的定），有時我們需要逃離自己的問題而喘口氣，但總有一天仍得回頭面對它們。世間定試圖逃避苦，而出世間定則以圓滿的解脫為目標。

修習三昧（samadhi，定），就是深刻地度過活著的每一刻。三昧的意思就是定，為了得到定，我們必須保持正念，全然地活在當下，清楚了知此刻發生的一切；換句話說，正念帶來定。當你進入深定時，你「融入」當下，你「就是」當下，因此三昧有時英譯為absorption（專心一志）。正念與正定提升我們，讓我們超越感官欲樂和貪欲，而發現自己變得更輕安、快樂，我們的世界不再是粗劣沉重的欲界，而是物質精細的色界。

色界共有四種禪，透過這四個次第，念、定、喜、樂、輕安與捨都會增長。第四禪之後，修行者進入更深一層的四無色定的禪定經驗，而有能力深入洞見實相。在此階段，欲貪和物質顯露出虛幻的本質，不再成為障礙，行者開始看見現象界無常、無我與相互依存的本質，地、水、火、風、空間、時間、無所有與想都相互依存，無一物能獨立存在。

第五次第定的對象是無限的空間（空無邊處）。當我們開始修習此定之時，一切似乎都是空間，但更深入修習時，我們明瞭空間由「非空間的因素」（non-space elements）所組成，且只存在於如地、水、火、風、識一類的「非空間的因素」之中。因為空間只是構成物質的六界之一，所以我們知道它不具有獨立的存在。根據佛陀的教導，沒有任何一物具有獨立的自我，因此空間和其他一切是相互依存的，也與地、水、火、風、識等其他五界相互依存。

第六次第定的對象是無限的意識（識無邊處）。起初，我們只看見意識，但接著明瞭意識也是地、水、火、風、空間，上述關於空間的認識也適用於意識。

第七次第定的對象是無所有（無所有處）。我們以一般的「想」看見花、水果、茶壺與桌子，並以為它們各自分離而獨立存在；然而，更深入觀察時，我們看見水果存在於花中，而花、雲、大地也存在於水果中。我們超越表象或相，達到「無相」的境地。一開始，我們認為自己的家人彼此獨立，但後來會看到家人彼此包含；就因為我是我現在這個樣子，所以你是你現在那個模樣。我們看見人與人之間密切的關聯，並超越外相。過去我們總以為宇宙包含好幾百萬個獨立的個體，而現在我們了解「諸相非相」（the non-existence of signs）。

第八次第定是非想非非想處定。我們認知到一切都是由自己的「想」（感知）所創造，而「想」至少有部分是錯誤的。因此，我們明瞭自己無法依賴舊有的感知方式，我們想要與實相直接接觸，雖然無法完全停止「想」，但此時我們至少知道「想」是感知某個外相。當我們不再相信外相的真實性時，我們的「想」就變成智慧。我們超越諸相（no perception，「無想」），但不是變得無感知（no non-perception，「非無想」）。

第九次第定稱為「滅」（滅受想定）。「滅」在此意指息滅我們「想」與「受」中的無明，而非息滅「想」與「受」，觀慧（洞見）便是從滅受想定中生起。詩人阮攸（Nguyen Du）[51]曾說：「一旦我們用眼睛看，用耳朵聽，就讓自己置身於苦之中。」我們渴望處於定中，在那裡一切既看不見也聽不到，那是個無感知的世界，我們但願自己變成一株松樹，讓風在枝椏間低吟，因為我們相信松樹是沒有苦的。想要尋求一塊無苦的樂土，這種願望是很自然的。

在「無想」的世界裡，第七末那識（manas）與第八阿賴耶識（alaya，或藏識）依舊繼續運作，而我們的無明與結使原封不動地留在藏識裡，且於末那識現行。第七末那識是愚癡的力量，它創造我見（相信自我存在的信念），區辨自、他。因為無想定[52]並未轉變修行者的習氣，因此當修行者出定時，他們的苦依然故我；然而等他們到達阿羅漢境界的第九次第滅盡定時，末那識會得到轉變，而藏識中的結使也得以淨化。結使中最嚴重的莫過於無明，亦即不知無常、無我之實相，這種無明導致貪、瞋、痴、慢、疑、邪見，而這些煩惱又共同製造一場稱為「末那識」的意識之戰——末那識總是區辨自我與他人。

當有人修行得很好時，第九次第定會發光，照亮事物的實相並轉化無明。以往通常會讓人陷入「我」與「非我」之別的種子都已轉化，阿賴耶識解脫末那識的掌控，而末那識也不再有製造自我的作用。末那識變成「平等性智」，能照見事物相互依存、彼此交織的本質，也明瞭其他的生命和自己的生命同等珍貴，再也無自他之別。當末那識失去對藏識的掌控時，藏識就變成「大圓鏡智」，能映照宇宙萬物。

第六意識得到轉化時，就稱為「妙觀察智」，當意識轉化為智慧後，仍會繼續觀察種種現象，但觀察的方式不同於以往，因為此時意識能察覺一切對象相互依存的本質，在生、死、來、去等現象的「異」中看到「一」，而不會陷於無明。前五識則成為「成所作智」，先前造成我們痛苦的眼、耳、鼻、舌、身，現在都變成帶領我們進入自性花園中的奇蹟。如此，意識所有層次的轉化就稱為「四智」，由於禪修，我們錯誤的「識」與「想」都已轉化。在第九次第定，八識都在運作，「想」與「受」也依然存在，但已有別於以往，因為都已解脫無明的束縛⑤③。

接觸究竟向度，與佛同行

佛陀教導許多禪修的方法。例如要修習無常觀，每次看著自己的摯愛時，要將對方視為無常，並在當天盡力讓對方快樂。若你認為他恆常不變，那麼你或許也會以為對方不會改善，但洞見無常會讓你免於陷入貪愛、執著、絕望的痛苦中。要以此洞見觀看及聽聞一切。

為了修習無我觀，你要觸及所接觸的一切事物中相互依存的本質，那會帶給你很大的平靜與喜悅而避免受苦。修習涅槃觀則會幫助你觸及實相的究竟向度，且將你安立在無生無死之地。無常觀、無我觀與涅槃觀就夠讓我們修習一輩子，事實上，這三種觀是一體的，若你深入觸及無常的本質，也就同時觸及無我（相互依存）與涅槃的本質。一定就包含了所有的定，你無需嘗試一切。

大乘佛教中有其他數百種禪修方法，例如楞嚴三昧、法華三昧與華嚴三昧。每種定都是妙法且都很重要。根據《法華經》所說，我們必須同時活在實相的歷史向度與究竟向度之中。我們必須將生命視為海浪般地深入活著，才能觸及自己內在之水的本質，而能以一種讓自己接觸到實相絕對向度的方式，去走路、觀看、呼吸和飲食。如此，我們就可超越生死，也超越對於有與無、一與異的恐懼。

不是只有靈鷲山才可以找到佛陀。假設你從收音機聽到消息，得知佛陀即將重現靈鷲山，且邀請大家一起在那裡行禪，於是所有飛往印度的機位都銷售一空了，你可能因此感到沮喪，因為你也想去。即使你有幸能夠預訂到一個機位，但還是享受不到與佛陀共同行禪之樂，因為當場會有很多人，而且其中大部分都不曉得如何修習觀呼吸，也不曉得如何在步行中安住於當下。那麼，到那裡去又有什麼用呢？

深入地觀察自己的動機：你想飛越半個地球到印度去，是否是為了日後好炫燿自己曾見佛陀一面？很多人想做的不過是如此而已，他們到達聖地，卻無法活在當下，在那裡參觀片刻後，就急忙趕往下一個地點。他們以拍照證明自己曾到此一遊，然後便急著返家，把照片拿給朋友看：「當時我在場，有照片為證，站在佛陀身邊的就是我。」這是想去靈鷲山的許多人心中的渴望。他們不可能與佛陀一起行禪，並活在當下；他們只想說：「當時我在場，站在佛陀身邊的就是我。」然而，這並非實情，他們並不在場，照片中的人也不是佛陀。「在場」只是一種概念，而你看見的佛陀也不過是個表象，即使用非常昂貴的相機也無法拍攝真正的佛陀。

倘若你沒有機會飛往印度，請你在家中修習行禪，那麼你就能在行禪時真正握住佛陀的手；只要步步安詳、喜樂，佛陀就與你同行。飛到印度又帶著與佛陀合照回來的人，不曾看見真正的佛陀。你擁有的是實相，而他只擁有表象。別為了找機會拍照而四處奔波，佛陀隨處可見，要接觸真正的佛陀，就與他攜手行禪。當你接觸到究竟向度時，你就是與佛同行。波浪無需消逝以變成水，它本身已是水，這就是法華三昧。深刻地度過生命中的每一刻，那麼，在步行、飲食、仰觀晨星的同時，你已觸及究竟的向度。☸

第八章

正命

符合慈悲的謀生之道

要修習正命，必須找出一種不違背自己愛與慈悲理想的謀生方式。我們的謀生之道可能是最深層自我的表達，也可能是造成自、他痛苦的根源。

經典通常將「正命」定義為不違反「正念五學處」而謀生，即不販賣武器、人口、肉品、酒類、迷藥或毒品，也不作預言或算命。比丘、比丘尼則必須謹慎，不可對在家居士過份要求醫藥、食物、衣服、住處等四項資具，日常生活中使用的資具也不可超過基本需求。

當我們時時覺察，就會盡力從事對人類、動植物、地球有益的職業，或至少將傷害減到最低。在我們身處的社會中，有時工作很難找，但若我們的工作涉及傷害生命，就應該想辦法換工作。我們的職業可能助長自己的智慧與慈悲，也可能腐蝕它們，所以應清楚了解自己謀生方式造成的直接後果與遠程的影響。許多現代工業危害人類與大自然，即使食物的生產過程也是如此，例如化學製造的殺蟲劑和肥料可能對環境造成很大的傷害。但對農民來說，修習正命是有困難的，他們如果不使用化學藥品，可能就很難與別人做商業性競爭。這只是例子之一。

當你在從事自己的工作或做生意時，請遵守「正念五學處」，凡是涉及殺生、偷盜、邪淫、妄語或販售酒類與毒品等工作，都不是正命。若你的公司會污染河川或空氣，在這種公司工作就不是正命；製造武器或利用別人的迷信來牟利，也不是正命。人們有各種迷信，例如相信命運就封藏於星座或自己的手掌中，而事實上，沒有人能確定未來會發生什麼事。但藉著修習正念，我們可以轉變占星家所預測的命運。此外，預言也可能是因為你預期它會成真而應驗。

創作或表演藝術也是一種謀生方式。作曲家、作家、畫家或表演者，都會對社會集體意識造成影響；任何一件藝術品，在很大程度上是集體意識的產物。因此，每位藝術家都需要修習正念，好讓接觸到他們藝術品的人因其創作而修習正確的作意。

從前有個年輕人想學畫蓮花，於是到某位大師那裡當學徒，大師帶他到蓮池邊，邀他一起坐下。日正當中時，年輕人看到蓮花盛開，直到向晚時，又看著它們合攏為花苞。隔天早上，他同樣從早到晚觀察蓮花。當一朵蓮花凋萎，花瓣落入池中時，他就看著花莖、花蕊與其他殘存的部分，然後才接著觀看其他的蓮花。如此持續十天，到了第十一天，大師問他：「你準備好了嗎？」年輕人回答：「我願試試看。」於是，大師給他一枝畫筆。雖然年輕人的筆法單純稚氣，但他筆下的蓮花卻非常美麗，因為他已變成蓮花，他的畫發自於整個生命。

你能看出他技巧稚拙，但畫中卻有深刻的美感。

正命是我們的共業

正命不僅僅是個人的事，那也是我們的共業。假設我是學校的老師，相信助長孩子心中的慈愛與智慧是一份美好的職業，若有人要我轉行，比如說當個屠夫，我就會拒絕。但當我深思萬物彼此之間息息相關時，我就會明瞭屠夫不是唯一要對殺生負責的人。我們或許以為屠夫的職業是邪命，而我們的職業是正命，可是假如我們不吃肉，他們也就不必殺生。正命是大家共同的事，每個人的職業都會影響到其他任何人。屠夫的孩子可能從我們的教導中獲益，而我們的孩子由於肉食而分擔到屠夫生計的部分責任。

假設有個牧場主人以養牛賣肉維生，他現在想受持「正念五學處」，想知道自己能否受持其中第一條護生的戒律。他覺得為了牛群的健康，已提供牲口最好的生存環境，甚至自營屠宰場，殺牛時才不會有不必要的殘酷行為加諸在牠們身上。他從父親那兒繼承了這座牧場，況且他還有個家庭要養。這真是進退兩難，他該怎麼辦呢？他的意圖是良善的，但他卻繼承了祖先的產業與習性，每次宰殺一頭牛，他的藏識中就留下一個印象，那樣的印象會在他夢中、禪修時或臨終時再度現前。在牛隻生前他如此妥善地照顧牠們，這是正命。他想要善待牛，但同時也想獲得固定的收入，以使自己與家人的生活獲得保障。

他應該繼續深入地觀察，並與當地的共修團體一起修習正念。當他的洞見加深時，自然會找到方法，讓自己走出這種為營生而殺生的情況。

我們的一切作為都會為自己努力修習正命而貢獻力量；正命，不僅僅是賺取薪資的方式而已。我們無法成功地完全擁有正命，卻可以下決心朝慈悲與減輕苦的方向前進，也可下決心幫助創造出一個正命多於邪命的社會。

例如，有好幾百萬人以軍火業維生，直接或間接製造傳統武器與核子武器。美國、蘇俄、法國、英國、中國和德國都是這些武器的主要供應者，武器銷往第三世界國家，但在這些國家中，人們需要的不是槍砲彈藥而是食物。製造或販賣武器都不是正命，可是對於這種情況，無論是政治人物、經濟學家或消費者，我們每個人都有責任。我們尚未就這個問題發展出一個令人矚目的全國性辯論，我們必須更進一步地討論這個問題，必須不斷創造新的工作機會，讓大家都不必仰賴軍火製造的收益過活。若你的工作能幫助你實現慈悲的理想，要感恩；同時，請努力正念地過簡單、明智的生活，藉此協助創造他人有正當工作的機會。盡你所有力量，努力改善當前的情況。

修習正命即修習正念

修習正命就意味著修習正念。每次電話響時，就把它當成正念的鐘聲，停下手邊的工作，有意識地呼吸，然後去接電話，這樣你回電話的方式就體現了正命。我們必須討論如何在工作場所中修習正念與正命。當我們聽到電話響起時，或拿起話筒準備撥號前，我們是否在呼吸？我們照顧其他人時，是否面帶微笑？當我們從一場會議走到另一場會議時，是否步步正念分明？我們是否修習正語？在數小時的辛勤工作後，我們是否練習深度且全然的放鬆？我們的生活方式是否鼓舞每個人都能平靜、喜悅，並鼓舞每個人擁有一個趨近平靜、喜悅的工作？這些都是極為實際且重要的問題。鼓勵人們以這種思考與行動的方式工作，並以助長慈悲這個理想的方式工作，那就是修習正命。

倘若有人從事讓眾生受苦與欺壓他人的職業，那麼，這樣的工作會污染他的意識，猶如我們污染了自己也必須呼吸的空氣一般。許多人憑藉邪命而致富，然後前往寺廟或教堂捐獻布施。這樣的布施大多是出於恐懼與罪惡感，而非來自想為他人帶來快樂或幫助減輕他人苦難的願望。當寺廟或教堂接受大筆捐款時，負責接受款項者必須了解這一點，並盡全力讓布施者知道如何走出邪命之道，幫助他們轉化，而這種人最需要的莫過於佛陀的教導。

依「正念五學處」而修行

研究、修習八聖道時，我們看到其中每個要素都被包含在其他七項要素之中，也看到每項要素都包含苦、集與滅三聖諦。

修習第一聖諦時，我們辨識自己所遭受的苦，並指出其各自的名稱，例如沮喪、焦慮、恐懼或不安。然後我們直接透視此苦，以發現其根源，這就是修習第二聖諦。這兩項修習包含八聖道的前兩項，即正見與正思惟。每個人都想逃離苦，但此時因為修習八聖道，讓我們擁有直接面對苦的勇氣，以正念與正定勇敢地看著自己的苦，這種清楚地向我們顯示苦因的深入觀察，就是正見。它顯示我們的苦並非源自一個苦因，而是源自重重的因緣（原因與條件），例如遺傳自父母、祖父母、祖先的種子，以及心中受到朋友與國家政經情勢所灌溉的種子，還有許多其他的因緣。

現在是該有所行動以紓解痛苦的時候了。一旦我們知道什麼是滋長痛苦的養分，就會設法停止攝取，不論那是粗摶食、觸食、思食或識食。我們的作法是修習正語、正業與正命，同時要記得正語也代表深入傾聽。要修習這三點，我們以「正念五學處」為引導，依據它來修行，就會看到自己是以正念在說話、行動或謀生。正念讓我們知道自己何時言談有違正語，或何時行動有違正業。當正念連同正精進一起修習時，正定很容易跟著出現，並引生洞見或正見。事實上，只修習八聖道其中之一，而不修習其他七項要素，這是不可能的，這就是相互依存的本質，也適用於佛陀的一切教導。

第三部

其他基本佛法

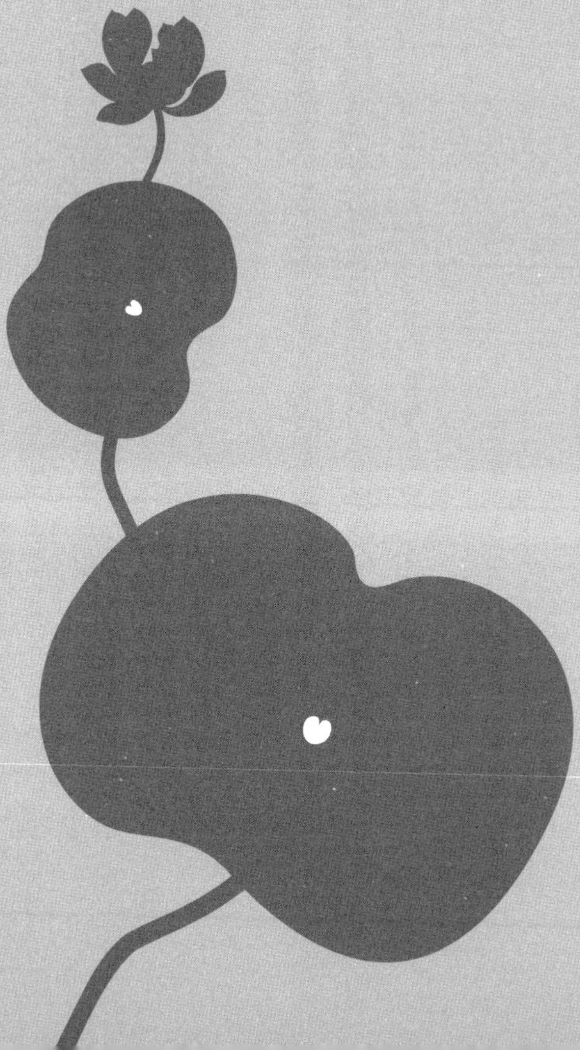

第一章

二諦（兩種真理）

佛教認為真理（諦）有兩種——世俗諦（samvriti satya，相對的或世間的真理）與勝義諦（paramartha satya，絕對的真理）。我們透過世俗諦進入修行之門，而辨認出樂與苦的存在，也以增長樂為目標而努力前進。我們每天都朝著此目標步步邁進，終有一天將能體會苦、樂「不二」的真相。

捨棄娑婆則無涅槃

有首越南詩歌寫道：

人們不斷地談論自己的苦樂，
然而，有何可苦？有何可樂？
源於感官享受之樂總會導致苦，

而修行佛道時所受之苦總帶來喜悅。

有樂必有苦，

若求無苦，必須接受無樂。

這首詩試圖不走世俗諦之道，而直接契入勝義諦。許多人以為，為了避免苦，就得放棄樂，且將之稱為「超越苦樂」，但這是錯誤的。假如你辨識並接受自己的苦而不逃避，便會發現儘管苦存在，但樂也同時存在。未曾經歷相對的樂，在面對絕對的樂時，就會手足無措。別陷入理論或觀念中，譬如說「苦是虛妄的」，或說「我們必須『超越』苦、樂」。只要與當下真正發生的一切保持接觸，你將會觸及苦與樂的真正本質。頭痛時說自己的頭痛是虛幻的，這就不正確了；要讓苦消失，你必須承認它的存在，並了解其成因。

我們透過解門（知識之門）而進入行門（修行之門），也許由於一場佛法開示或一本書，只要我們持續在佛道上前進，苦就會逐漸地減少，但到達某一點時，我們所有的概念與想法都必須訴諸實際的經驗，因為言語和觀念唯有在付諸實踐時才有用處。當我們停止討論，開始在生活中證悟佛法時，最後我們終將體會自己的生活即是道，便不再僅僅依賴修行的外在形式，我們的行動變成「非行動」（non-action）❶，修行成為「非修行」（non-practice），我們已跨越了界線，修行不會再退轉，我們無需超越娑婆世界以到達所謂「涅槃」的清淨無垢之地。苦與涅槃具有相同的本質，假如我們捨棄娑婆世界則無涅槃。

體會相互依存，調和二諦

在《轉法輪經》中，佛陀宣說苦、集、滅、道四聖諦，然而在《心經》裡觀世音菩薩告訴我們「無苦、集、滅、道」②。這不是自相矛盾嗎？不是的，佛陀是從世俗諦的角度而說，觀世音菩薩則從勝義諦的角度來教導。當觀音菩薩說「無苦」時，他的意思是苦完全由「非苦」所構成③。你受苦與否要視許多情況而定：假如你穿得不夠暖，寒風就可能使你受苦；穿著適當，即使寒風也可能帶來快樂。苦，並非客觀的，大半取決於你感知的方式。有些事物讓你受苦，卻不會使他人受苦；有些事物為你帶來喜悅，卻不會為他人帶來喜悅。佛陀所提出作為世俗諦的四聖諦，目的是要幫助你進入修行之門，但它們卻非佛陀最精深的教法。

以相互依存的觀點，我們永遠都能調和勝義與世俗二諦；當我們觀察、理解並體會相互依存的本質，我們就看見佛陀。

> 諸法無常，是生滅法；
> 生滅滅已，寂滅為樂。④

這首偈誦是佛陀即將入滅前所說的，前兩句表達世俗諦，後兩句則表達勝義諦。在此「諸法」包含物理、生理與心理的現象⑤，「寂滅」表示涅槃，亦即一切概念的滅盡。當佛陀說「寂滅為樂」時，他的意思是指思惟、概念與言語都已結束，這就是從勝義諦角度而言的第三聖諦。

佛陀勸誡我們要每日持誦「五念」（Five Remembrances）：

（一）我有衰老的本質，無法逃避衰老。

（二）我有生病的本質，無法逃避生病。

（三）我有死亡的本質，無法逃避死亡。

（四）一切為我所鍾愛的人與事都有變化的本質，無法避免與愛別離的情況。

（五）我的行為（業）是我真正擁有的，我無法逃避行為所造成的後果（業果）；我的行為正是我立足的基礎。

這「五念」有助於我們友善地對待心中對衰老、生病、被遺棄或死亡等的恐懼；五念也是正念之鐘，能幫助我們深入欣賞及體會當下可能存在的生命奇蹟。但在《心經》裡，觀世音菩薩卻宣說「不生不滅」，若無生死，佛陀為何說我們具有死亡的本質？這是因為在「五念」中，佛陀憑藉的是世俗諦，但他非常清楚從勝義諦的角度來說，其實是無生滅的。

透視世俗諦，洞悉勝義諦

當我們眺望大海時，會看見每一陣波浪都有開始與結束。一道波浪相較於其他波浪，我們可說它更美或更醜、更高或更低、更持久或更短暫。但若看得更深入，則會看見波浪由水構成，波浪在過著波浪生活的同時，也過著水的生活。若波浪不知自己本身就是水，那真是可悲，因為它會以為自己有朝一日終將逝去，「我的壽命就是這段時間，當我到達岸邊時，就會歸於空無，不復存在。」這些想法會使波浪感到恐懼並苦惱。若要讓它自在、快樂，我們必須協助它去除自我、個人、眾生與壽命的概念❻。

我們可藉由高低、美醜、生滅等外相來辨識一道波浪，然而在水的世界中，卻無任何相。在世俗諦的世界中，波浪在高漲時快樂，在陷落時悲傷，它可能會想：「我高高在上」或「我屈居於下」，因而產生優越感或自卑感。可是當它觸及自己真正的水的本質時，所有的情結都會消失，而它也將超越生死。

當事事順遂時，我們會變得傲慢，同時害怕跌倒或變得卑微或能力不足，但這些想法都是相對的，當它們停止時，成就感與滿足感將油然而生。解脫，就是從有相世界走到真實本質世界的能力。我們需要波浪的相對世界，但為了擁有真正的安詳與喜悅，也需要觸及水，亦即我們存在的基礎。我們不該讓世俗諦囚禁自己，以致無法碰觸勝義諦。深入透視世俗諦，則可洞悉勝義諦，這兩種真理相互含容，無論世俗諦或勝義諦，都有其價值。

當我們坐在北半球時，我們自以為知道哪個方向在上、哪個方向在下，但坐在澳洲的人可不會同意我們的觀點。上、下是相對的，在什麼之上？在什麼之下？上下、老幼等都不是絕對的。對我而言，年紀大很好，年老真好！有些事年輕人無法體會，他們就像山頂湧出的水源，總是拚命地往前衝，可是當你成為流經低地的河流時，你會變得寧靜、安詳，映照出層層雲朵與美麗的藍天。步入晚年自有其樂趣，身為老人，你可以過得很快樂。當我和年輕的比丘、比丘尼坐在一起時，我覺得他們是我的延續，我已竭盡所能，而現在他們正延續我的存在。這就是相互依存，就是無我。

今天早晨開示佛法前，我和可愛的沙彌侍者吃早餐時，我對他說：「你看見山坡上的母牛了嗎？為了桌上的優格，牠正在吃草；而我為了開示佛法，現在正在吃優格。」從某種意義上來說，山坡上那頭母牛對今天的佛法開示多少有些貢獻，既然我喝了牛奶，就可說是牠的孩子。佛陀告誡我們以此方式度日，即以相互依存的觀點看待一切，如此就不會陷入個人的小我，而會在每個地方看到自己的苦與樂，得到自在，且不會將死看成是個問題。為何我們要說死是苦呢？我們因為後代子孫而持續存在，重要的是當我們身在此處時要竭盡所能，就能透過子孫而繼續存在。由於慈愛的驅使，我們全心投注於後代子孫身上。

生死是否是苦，這取決於我們的洞見，有了洞見，就能眼見這一切而報以微笑，不再如以往般受到同樣的影響。我們騎在生死的浪頭上而擺脫生死，如此的洞見讓我們解脫。

去除我、人、眾生、壽命的概念

諸「行」（samskara）無常。這張紙是由許多成分組成的一種物理的「行」，一朵玫瑰、一座山、一朵雲也都是「行」；你的憤怒、慈愛以及無我的概念，都是心理的「行」（心所）；而手指與肝臟則是生理的「行」。

深入地觀察「我」，就會發現構成「我」的不外乎「非我」的成分，構成人類的不外乎非人類的成分，因此為了要保護人類，就得保護非人類的要素，例如空氣、水、森林、河川、山脈與動物。關於如何尊重地球上包括動物、植物以及礦物等一切生命型態，《金剛經》是最古老的相關典籍。我們必須去除認為人類可獨自存續的這種觀念，唯有在其他物種也能生存的情況下，人類才能存活。這正是佛陀的教導，也是深層生態學的學說。

當我們深入地觀察眾生時，我們會發現它們由非眾生的成分所構成。所謂的「非眾生」（無生物）也有生命。為了觸及實相，我們必須去除「眾生」與「非眾生」的概念。

第四個需要去除的概念是「壽命」。我們以為自己只於時間的兩點之間存在著，並因這種概念而受苦。倘若能更深入地觀察，我們將會明白自己從未出生，也絕不會死亡。一道波浪是生或死、是高或低、是美或醜，這些觀念都不能適用於水。看清這一點，恐懼就會瞬間消失。

我們的內在具足無生無死的世界，但我們從未觸及，因為我們只憑藉自己的概念而活。修行就是為了去除這些概念，並碰觸究竟的向度——涅槃、上帝、無生無死的世界。我們因為固守的概念而無法觸及此向度，經常活在恐懼與痛苦中。當一陣波浪深入地度過它身為波浪的生活時，就會觸及其內在的水的向度，它的種種恐懼與概念也會倏然消失，而能感到真正的快樂。在此之前，其快樂都只不過是一種治標不治本的ＯＫ繃而已，而最能減輕苦的則是觸及涅槃，亦即無生無死的世界。

第三聖諦論及相對的安樂，那是無常的。你的牙痛是無常的，但牙齒不痛的狀態也是無常的。當你深入修習佛法時，就能去除這一切概念，並觸及無生無死的世界。有了這種洞見，你會以聖賢的眼光看待生死、年老、盛衰、苦樂，而不再受苦，你會微笑，不再恐懼。

第四聖諦是苦因的止息。當我們終止苦時，就會感受到相對的樂，但當我們止息苦與非苦的一切概念時，就能嚐到絕對樂的滋味。想像有兩隻母雞即將被宰殺，但牠們對此毫無所覺，其中一隻母雞對另一隻說：「稻米比玉米好吃，這玉米已有點變質了。」這隻母雞說的是相對之樂，牠不明白此刻真正的樂是不被宰殺之樂，是能繼續生存之樂。

在世俗諦的向度修習四聖諦時，我們可獲得某些解脫，能轉化苦，重獲安樂。然而，我們依然處於實相的歷史向度，更深入的修習是，讓自己的日常生活方式同時觸及世俗諦與勝義諦。在世俗諦的向度中，佛陀在久遠以前就已入滅；但在勝義諦的國度中，我們每天都能握著佛陀的手，與他一起行禪。

超越概念，體會真實的存在

要以讓自己得到最大解脫的方式來修行。波浪本為水，為了進入佛陀之心，就得運用自己的佛眼，即澈見相互依存的洞見。若你趨近勝義諦之境的佛心，佛陀就會與你同在。當你聽到鐘聲時，以你自己的耳朵傾聽，也以祖先與子孫的耳朵傾聽，換句話說，請同時在相對與絕對的向度上傾聽。你無需死亡就可進入涅槃或上帝的國度，只要深入安住於當下，就是現在。

《華嚴經》說：「一即一切，一切即一。」若深入佛陀任何一種教法，你會發現其他一切教法都在其中。若親自深入地觀察第一聖諦，你就會在其中看見八聖道，除第一聖諦之外不可能有任何聖道或非聖道。因此，你必須擁抱自己的苦，把它緊抱在自己胸前，深入地觀察，離苦之道即取決於你如何觀察苦，所以苦才會稱為「聖諦」。運用你的佛眼深入地觀察「道」的本質，道諦與苦諦是一體的，我在離苦之道上的每一刻，都有苦在引導，因此苦是聖諦。

本書開頭第一句是「佛陀不是神，而是如你、我一般生而為人……」這是什麼意思？何謂「人」？若樹木與河流不存在，人類有可能存活嗎？若動物與其他物種都不存在，我們怎能存活？人類完全是由非人類的要素所構成的。我們必須解脫對於佛陀與人類等概念的束縛，因為這些概念可能成為我們見佛的障礙。

「親愛的佛陀，你是眾生嗎？」我們希望佛陀證實我們對他的概念，但佛陀看著我們，微笑著說：「人非人，是名為人。」這是《金剛經》的辯證法，「A非A，是名真A。」花不是花，純粹是由非花的成分所構成，例如陽光、雲朵、時間、空間、土壤、礦物和園丁等；真正的花包含了整個宇宙。若將非花的任何成分回歸其源頭，花就不會存在了，因此我們可以說：「玫瑰非玫瑰，是名真玫瑰。」若想碰觸真正的玫瑰，我們就得揚棄自己對玫瑰的概念。

涅槃的原意是火的熄滅，首先是一切概念與觀念的息滅。我們對事物的概念，讓自己不能真正地觸及事物，因此若想碰觸真正的玫瑰，我們就必須摧毀自己的概念。當我們問：「親愛的佛陀，你是人嗎？」這句話就表示我們對於「什麼是人」持有某種概念，所以佛陀只是微笑，他以這種方式鼓勵我們超越自己的概念，體會他真實的存在。真實的存在與概念大不相同。

若你曾到過巴黎，你對巴黎會有個概念，但此概念與真正的巴黎大不相同，即使在巴黎住了十年，你對巴黎的概念仍無法與事實吻合。你可能與某人一起住了十年，以為已充分地了解對方，而實際上跟你一起住的卻只是自己的概念。你對自己也有個概念，但你曾接觸過真實的自己嗎？請深入地觀察，以盡量跨越實相的概念與實相本身之間的鴻溝。禪修可以幫助我們去除概念。

佛教中關於二諦的教法也是一種概念，但如果我們知道如何運用，它就能幫助我們洞悉實相本身。☸

第二章

三法印

「三法印」是無常、無我及涅槃，任何教法若禁不起這三法印的檢驗，就不能稱為佛法⑦。

第一法印：無常

第一法印是「無常」。佛陀教導一切皆無常，無論是花、桌子、山、政權、色、受、想、行、識都是如此，我們找不到任何東西是常（永恆）的。鮮花會腐爛，但知道這一點並不會妨礙我們熱愛鮮花；事實上，正因為知道如何在花朵燦爛時好好珍惜，我們反而更能愛護它。倘若我們學會從無常的角度觀賞一朵花，那麼當花朵凋零時，我們就不會難過了。無常不只是一種觀念，而是一種幫助我們接觸實相的修行。

我們研究無常時必須自問：「這則教理和我的日常生活、我每天的困境、我的痛苦是否有任何關聯？」若僅將無常視為一種哲理，那就不是佛法。每當我們觀看或傾聽時，我們所感知的對象都可能向我們展現無常，我們必須全天候地培育澈見無常的洞察力。

深入地觀察無常時，我們就會明瞭，當因緣變化時，事物就會隨之改變；深入地觀察無我時，我們看見任何事物之所以存在，是因為其他一切事物的存在。我們會明瞭，其他一切事物構成了這一事物存在的因緣，因此在這一事物當中，我們看到了其他一切。

從時間的觀點，我們說事物是「無常」的；從空間的觀點，則說是「無我」的。事物無法在相續的兩個剎那中維持不變，因此無任何事物可稱為恆常不變的「我」。當你進到這個房間前，你的身心狀態就與進入房間後不同了。深入地觀察無常，你會看見無我；深入地觀察無我，你會看見無常。我們不能說：「我能接受無常，但無我太困難了。」其實無常、無我是一樣的。

了解無常能帶給我們信心、安詳與喜悅。無常未必導致苦，但若沒有無常，則不可能有生命；如果沒有無常，你的女兒就不可能長成亭亭玉立的少女；如果沒有無常，專制暴虐的政權就永遠無法改變。我們總以為無常會帶來苦，佛陀以譬喻說明這情形：就如狗被石頭擊中，而對石頭生氣一樣。讓人受苦的不是無常，而是我們對並非恆常的事物，卻想要它們能恆常不變的渴望。

我們必須學會欣賞無常的價值。倘若我們身體健康且知道無常的存在，就會好好地照顧自己；倘若我們知道自己所摯愛的人也是無常的，我們就會更加珍惜對方。無常教導我們尊重及重視每一刻，還有自己周遭及心中一切的寶貴事物。當我們修習無常觀時，我們會變得更有活力，更加慈悲。

深入地觀察可以成為一種生活方式。我們可練習有意識地呼吸，幫助自己接觸萬物，深入觀察萬物無常的本質，這種修習可以讓我們不會抱怨一切皆無常，因而認為不值得為它們而活。無常讓轉化成為可能，所以我們應該學著說：「無常萬歲！」感謝無常，我們才能將苦轉化為樂。

假如我們修習正念生活的藝術，當事物起變化時，我們將會了無遺憾，且能微笑以對，因為知道自己已盡量充分地享受生命中的每一刻，也盡全力為他人帶來快樂。當你和所愛的人發生爭執時，請閉上眼睛，想像自己三百年後的模樣，當你再度張開雙眼時，你唯一想做的是將對方擁入懷中，承認你們彼此有多麼重要。無常的教理幫助我們充分領略及欣賞當下的一切，卻無執著或忘失。

我們必須每日滋養自己澈見無常的洞見，如此一來，就能活得更深入、減少痛苦以及更充分地享受生命。活得深入，我們就能觸及實相、涅槃或無生亦無死世界的基礎。當我們深深觸及無常，就能體會超越常與無常的世界，接觸到生存的基礎，並看見所謂的「有」、「無」都不過是觀念罷了，我們從未失去或獲得什麼。

第二法印：無我

第二法印是「無我」。沒有任何事物具有獨立的存在或自我，任何事物都必須與其他一切相互依存。

我第一次嚐到花生醬餅乾時，是在美國加州的塔撒加拉山間禪修中心（Tassajara Zen Mountain Center），我好喜歡這種餅乾！我那時學到的是，要做花生醬餅乾，得把食材和在一起作成麵團，然後用湯匙將一塊塊餅乾放在餅模上。我想像每塊餅乾一離開碗裡的麵團被擺放在盤中時，就開始自以為是獨立的個體了。製作餅乾的你不至於如此愚昧，因而對它們滿懷慈悲，你知道它們原本都是一體的，即使此刻被分開，其中任何一塊的快樂也仍是其他所有餅乾的快樂。但這些餅乾卻有了「分別想」（vikalpa，能區辨的感知），驟然築起彼此之間的藩籬，一放進烤箱，它們就開始彼此嫌惡：「滾遠點！我要擺在正中央。」「我色澤棕黃、外觀美麗，而你卻這麼醜！」「可不可以拜託你往那邊伸展，別靠過來？」我們也往往以如此行為處世，而這種行為模式造成許多痛苦。若我們知道如何觸及自己的無分別心，我們和別人在各方面的快樂都將有增無減。

每個人都有能力以無分別智過活，但必須訓練自己能以此方式來看待事物，亦即看見花朵是自己，山是自己，父母、子女也都是自己。當我們看清每個人、每件事都屬於同一條生命之流時，我們的苦將會消失。無我不是教條也非哲理，它是一種洞見，能幫助我們更深入地生活、減輕苦惱以及更能享受生命。我們需要在生活中修習無我的智慧。

俄國大文豪托爾斯泰曾寫過一個關於兩個仇敵的故事，故事中某甲因某乙而痛苦不堪，他生存的唯一動力就是除掉某乙，每次聽見某乙的名字或想到某乙的模樣，他就勃然大怒。

有一天，某甲造訪一位賢者的小屋。賢者深入傾聽某甲敘述後，給了他一杯清涼的水，然後將水倒在某甲頭上，為他洗滌。當他們坐下喝茶時，賢者對某甲說：「現在，你是某乙。」

某甲驚異不已：「我最不想做的事就是變成他！我是我，他是他！我們之間不可能有任何關係。」

賢者說：「可是你現在就是他，信不信由你！」並拿了一面鏡子給他。當某甲往鏡子裡一看，果真看見某乙！他一動，鏡中的某乙也跟著移動，不僅如此，某甲發出的聲音也變成某乙的聲音，他甚至開始擁有某乙的受與想。某甲努力想回復自己，卻無法如願。這是一則多麼精彩的故事啊！

我們應該修行，如此才能將伊斯蘭教徒視為印度教徒，而將印度教徒視為伊斯蘭教徒；我們應該修行，如此才能將以色列人視為巴勒斯坦人，而將巴勒斯坦人視為以色列人；我們應該修行，直到看清每個人都是自己，自己並未與他人區隔分離，這會大大地減輕我們的苦。我們就如那些餅乾，以為自己是獨立分離的個體，彼此互相對立。但其實我們都具有相同的實相，我們就是自己所感知的對象，這就是無我與相互依存的教理。

當觀世音菩薩宣說眼、耳、鼻、舌、身、意皆空時，他的意思是說這六根無法獨立存在⑧，都必須與其他一切相互依存。例如若無眼睛以外的要素，眼睛就不可能存在，因此觀音菩薩說眼睛無法單獨存在。為了真正地了解事物，我們必須看見事物相互依存的本質，而要如此看待事物需要一些訓練。

無我意味著你是由除了你之外的因素所構成的。在過去這一小時中，不同的要素已進入你的體內，也有其他一些要素從你身上流逝。你的快樂，甚至你的存在，都來自你以外的事物。你母親快樂，是因為你快樂；而你快樂，是因為她快樂，快樂不是個人的事。身為女兒應該採取讓自己與母親都能更了解彼此的方式修行，她不可能藉由離家出走而找到快樂，因為她無論走到哪裡都帶著自己的家，什麼也拋不下。即使她不告而別，也無法擺脫任何事物，因為她的藏識中帶有一切種子，無法去除任何一個。

佛陀提出無常與無我，作為開啟實相之門的鑰匙。我們明瞭在接觸任何一法時，同時也接觸了一切法，我們必須訓練自己以如此的方式來看待事物，而看見「一即一切，一切即一」。我們不僅要接觸實相的現象界，也要觸及存在的基礎。諸法都是無常、無我的，都必須經歷生、滅，但若我們觸及諸法甚深處，就能從生與滅、常與無常、我與無我等束縛中解脫出來。

第三法印：涅槃

第三法印「涅槃」即是存在的基礎，是一切存在的本質。一陣波浪無需逝去以成為水，水就是波浪的本質，波浪本為水。我們也是如此，本身即具足相互依存、涅槃或無生亦無死、無常亦無無常、無我亦無無我之境。涅槃是概念的全然寂滅，而佛陀提出無常、無我的觀念，是作為修行方法，並非讓人崇拜、爭戰或為之赴湯蹈火的教條。

佛陀說：「我的好友！我給你們的法只不過是一艘竹筏，以幫助你們渡到彼岸。」別把竹筏當作崇拜的對象而牢牢抓住不放，它只是用來渡河以達安樂彼岸的工具及方法。倘若你深陷於佛陀所教授的法，那麼佛法就不再是佛法了。無常、無我屬於現象界，猶如一陣陣波浪；而涅槃則是一切存在的基礎，猶如水。波浪不可能存在於水之外，如果你知道如何接觸波浪，也就能同時觸及水，涅槃並未脫離無常、無我而存在。你若知道如何運用無常、無我這兩種工具接觸實相，在當下就已觸及涅槃了。

涅槃是一切概念的止息。「生」是一種概念，「滅」也是一種概念；「存在」是一種概念，「不存在」也是一種概念。我們在日常生活中必須面對這些相對的種種事相，但若更深刻地體會生活，實相將以不同的風貌展現。

我們認為出生代表自己從無變為有，從什麼人也不是變為某人，從不存在變為存在；而死亡則表示自己驟然從有變成無，從某人變成什麼人也不是，從存在變成不存在。然而，佛陀曾說：「無生亦無滅，非有亦非無。」為了讓我們發現實相的真正本質，他也提出無常、無我、相互依存與空性的道理。《心經》中一再地重述不生不滅，但只有讀誦是不夠的，因為《心經》是我們用來探究自己與世界真實本質的工具。

當你看著眼前這張紙，你以為它屬於存在（有）的領域；在過去某個時刻它出現了，即在造紙廠的某一刻它變成了一張紙。但在它誕生之前，難道它是「無」嗎？「無」能變成「有」

嗎？在它成為一張紙之前，必定曾為其他某件事物，例如一棵樹、一根枝椏、陽光、雲朵、土地，這張紙在「前世」曾是這一切！若你問它：「告訴我你經歷過的所有奇遇。」它會告訴你：「請和一朵花、一棵樹或一朵雲談談，聆聽它們各自的故事。」

我們的經歷和這張紙的故事極為相似，有許多奇妙之事可說。在呱呱墜地之前，我們已存在於父母與祖先身上了。「父母未生時，如何是爾本來面目？」這則公案是邀約我們深入地觀察，認清自己在時空中的身分。我們通常以為在父母生下我們之前自己並不存在，只從誕生那一刻才開始存在；但其實我們早就以許多不同的型態出現於此，這輩子出生的那一天只不過是「生命再續日」，所以我們每年應唱「生命再續快樂歌」，而不是「生日快樂」。

「沒有任何一物出生，也沒有任何一物消逝。」法國科學家拉瓦錫（Lavoisier）❾如是說。他雖非佛教徒，也不懂《心經》，但他這句話完全符合《心經》的要旨。若燃燒這張紙，能否使它變成無？不，它只被轉變為煙霧、溫度與灰燼。若我們將這張紙的「生命延續體」（即灰燼）撒在花園中，一段時日後，我們在行禪時可能會看到一朵小花，並認出它就是那張紙的再生。燃燒紙張的煙霧將成為天空中雲朵的一部分，也會繼續它奇妙的旅程，明天過後，或許一陣微雨飄落在你頭上，你會在雨滴中認出這張紙在說「嗨！」。燃燒產生的溫度將滲入你的身體與整個宇宙，若有精密的儀器，你可測出其中有多少熱能滲透到你體內。即使經過燃燒，這張紙顯然仍持續存在，所謂死亡的一刻，其實正是它生命再續的時刻。

當一朵雲即將變化成雨時，並不會感到害怕，反而可能相當興奮。作為飄浮在藍天上的雲是很美妙的，而化為雨水降臨田野、大海、群山間也同樣美妙，因此雲變為雨滴落下時，會沿路歡唱。深入觀察時，我們看見「生」不過是一種概念，「死」也只是一種概念。沒有任何事物能從「無」誕生，當我們深入地接觸這張紙、那朵雲或我們的祖母，我們就觸及不生不滅的本質，也解脫悲傷的束縛，因為我們已在其他許多不同的形體中辨認出他們，這就是使佛陀變得平靜、安詳、無懼的洞見。佛陀這則教理能幫助我們深入接觸自身存在的本質或基礎，如此一來，我們就可接觸不生不滅的世界。這是讓我們解脫悲傷、恐懼的洞見。

涅槃意味著寂滅，尤其是概念的寂滅，包括生與死、存在與不存在、來與去、我與人、一與異等概念。這一切概念都會使我們受苦：我們害怕死，因無明讓我們對於死產生虛妄不實的概念；「有」、「無」的概念讓人心生苦惱，因為我們還不了解無常、無我的真實本質；我們掛慮自己的未來，卻不在意他人的未來，因為認為自己的快樂幸福與他人無關，這種「我」與「人」的概念導致無量的苦。為了讓這些概念止息，我們必須修行。涅槃是一把扇子，能幫助我們熄滅包括常見、我見在內的所有概念之火，那把扇子就是我們每日要修習深入觀察。

以「八不中道」破除概念

佛教常談到八種概念——生、滅（死）、常、斷（分解消失）、來、去、一、異，破除對此八種概念之執著的修行就稱為「八不中道」（中道的八種否定），亦即不生、不滅、不常、不斷、不來、不去、不一、不異❿。十三世紀的越南，曾有人在一場佛法開示後請教德崇（Tue Trung）大師一個問題，大師回答：「我已宣說了要徹底捨離此八種概念，我還能多做什麼解釋呢？」

一旦破除這八種概念，我們便觸及涅槃，涅槃即是捨離此八種概念，以及其相對的概念──無常、無我、緣起、空性與中道。若我們將三法印當作固定的概念而執著不放，這些概念也得破除，而最佳方法就是在自己的日常生活中修行，因為實際經驗永遠超越概念。

十世紀的越南佛教大師天海（Thiên Hôi）曾告訴弟子：「要精進不懈，以證得不生不滅之境。」有位弟子問他：「我們要到哪裡找到不生不滅的世界？」大師回答：「就在此生死世界的當下。」要碰到水，就得接觸波浪；若你深入地接觸生死，就能觸及那不生不滅的世界。

無常、無我、緣起與中道都是開啟實相之門的鑰匙，把它們藏在自己口袋裡無濟於事，你必須加以運用。當你了解無常、無我時，痛苦就已大幅減輕，而觸及第三法印「涅槃」。涅槃不是要去未來尋求的某種事物，作為三法印之一的它，出現在佛陀的每一項教法中，這些教法揭露蠟燭、桌子或花朵具有涅槃的本質，也具有無常、無我的本質。

請想像在一場會議中人人自抒己見，而與其他每個人針鋒相對，會後，你被這一切觀點、討論弄得精疲力竭，於是開門走到戶外的花園中，那裡空氣清新，鳥兒正在歌唱，涼風沙沙作響吹過林間。屋外的生活與屋內言詞交鋒、充滿火藥味的會議截然不同，雖然花園裡仍有種種聲音與景象，但它們讓人神清氣爽，恢復元氣。涅槃並非生命消失，「現法涅槃」（drishtadharma nirvana）意味「當下此生的涅槃」，涅槃代表的是撫平、止息或熄滅苦火。根據涅槃的教理，我們與理想中的自己本無不同，無需再做任何追求，只要回歸自我，觸及自己的真實本性即可。如此，我們就會擁有真正的安詳與喜悅。

今晨醒來，我發現
自己以經典為枕。
我聽見辛勤的蜜蜂嗡嗡作響，
興奮地準備重建宇宙。
親愛的兄弟們！重新建設
或許將耗萬世之功；
但早在過去萬世
這項工作即已完成。⑪

在《四十二章經》中，佛陀說：「我的修行為非行、非修、非證。」⑫它意指我們所追尋的並不在自身之外。

任何教理若禁不起三法印、四聖諦與八聖道的檢驗，就不是真佛法。然而，有時經教中宣說的是二法印——苦與涅槃，有時則是四法印——無常、無我、涅槃與苦。苦是一種感受，並非存在的基本要素之一，當我們堅稱無常、無我之物為恆常、有我時，就會受苦。佛陀教導我們，當苦現前時，我們必須辨認苦的存在，並採取必要的步驟來轉化它，但他並未說過苦一直存在。在大乘佛教中，也有一法印之說，即「一實相印」，但一法印、二法印、四法印等教理都是佛陀入滅後才出現的。

我們為了證得解脫而修習三法印，若你能熟背一本長達五百頁關於三法印的書，卻不在日常生活中應用其中的教法，那麼此書對你將毫無用處。唯有運用自己的智慧修習佛法，這些教法才能為你帶來快樂。請把修行建立在自己的生活與種種成功、失敗的經驗上。佛法是珍寶，但我們得深入挖掘才能完全觸及。

依契理、契機的準則而說法

此外，另有其他的準則能幫助我們悠遊於諸經之中，同時能確定其中的教理是否呈現了對佛法的正確理解，這些準則包括契理與契機「二契」、「四悉檀」（siddhanta，四種真理的標準）與「四依」。

「二契」中的第一種是「契理」，「理」即指三法印，說法者的宣說內容必須契合佛陀無常、無我及涅槃的教說。當你深入理解三法印時，你會將之應用於日常生活中的每種情況。

第二種是「契機」。當與人分享佛法時，所說的內容必須契合當時的狀況與聽眾的心智程度，佛法才能切合時機、根性；若不契機，即使聽起來像佛法，那也不是真正的法。說法者不可純粹覆誦幾句佛陀曾說過的話，若像錄放音機般，只是把錄音帶放進機器裡，如此的說法就有違「契機」的準則。說法者必須自問，我宣講的對象是誰？他們的生活背景是什麼？他們所希望以及關切的事物與願望是什麼？如此深入地觀察，說法者宣說的內容中便會注入愛與慈悲。醫生若不知患者的病情，就無法正確地用藥。

當你與人討論佛法時，你所說的每個字都應該契理、契機。請遵循無常、無我、涅槃之教而說，同時也請直接面對在場者而說，將現場聽眾的經歷、學識與智慧納入考慮，也許有些道理你認為很重要，但不能對當前這群人說。契理、契機的準則要求我們必須以善巧、包容與關懷來說法。

依「四悉檀」知佛陀開示的方法

「四悉檀」是幫助我們理解佛法的另一個指南。第一種悉檀是「**世界悉檀**」。佛法必須以世間的語言宣說，世人才能理解。我們必須考量並論及當代的宇宙論、藝術、哲學及形上學等，例如為便利起見，我們稱一週七天為週一、週二、週三等，還將時間畫分為年、月、日，以相對的方式來表達真理。當佛陀告訴我們他誕生於藍毘尼園（Lumbini）時，那是符合

「世界悉檀」的。

第二種悉檀是「**為人悉檀**」。閱讀佛經時，我們必須時時牢記佛陀的說法，是根據聽法者的需求與願望而有差別的。他在教導大眾時，總是深入體察當前的會眾，特別針對他們而說法。

第三種悉檀是「**對治**（治療）**悉檀**」。佛陀說法，總是為了治療聽法者各自罹患的疾病。每個人都有某種病症需要醫治，當你說法是為了達到對治目的時，你所說的話對聽法者永遠都是有幫助的。

第四種悉檀是「**第一義悉檀**」。佛陀直接、明確地表達勝義諦，即使人們不相信、不同意他的觀點，他依然宣說無我，因為他知道那是真實的。就如十五世紀的探險家宣稱地球是圓的，即使社會威脅他們將為所說的話入獄，他們依然故我。我們在閱讀佛經時，可借助四悉檀來幫助我們理解經義。

以「四依」為修學的準則

有助研讀佛法的第三項準則稱為「四依」，這並非佛陀所說，而是後來的祖師所制。第一依是「**依法不依人**」，意思是即使老師不實踐他的教法，我們也能從他那裡學到東西。我小學五年級的老師連（Liên）小姐常穿著高跟鞋，有天她在黑板上寫道：「絕對別穿高跟鞋，否則你可能扭傷腳踝。」我當時無法了解她自己為何不遵照這條教誨。另外有個菸癮很重的老師，教導我們吸菸對健康有害，那是早在六十年前的事！我們全班哄堂大笑，但他說：「照著我說的去做，別學我吸菸。」後來我就讀佛學院時，老師告訴我們，若有顆珍寶在垃圾桶裡，要拿到珍寶就得弄髒手。還記得那位熟記一切經典的比丘嗎？他為人不寬大，也不是個好修行者，但其他比丘都得容忍他，勸請他背誦經典，他們才能將經典記錄下來。

對我而言，師徒關係是建立在一種信任的基礎上，即信任老師已修習且持續在修習自己所教導的一切，這是身教，是透過我們的生活方式來教導。也許歷代祖師認為能以身作則來傳法的人非常稀有，若只等待這種人出現，我們可能就會錯過從現有佛法中獲益的機會。

第二依是「**依了義**（依勝義諦而說的經典）**不依不了義**（依世俗諦所說的經典）」。對於這項準則，我也同樣感到不安，因為它並未明示了義經與不了義經之間的關係。其實，以不了義經為根據，更能充分理解了義經。我們不應該認為關於「正念五學處」[13]等實務類的經典不值得注意，而只要研讀《華嚴經》、《法華經》[14]就可以了。我們需要知道如何從務實的經典出發，進而研讀實務成分較少的經典，先訓練自己理解最基礎的經典之後，才有能力更輕易地掌握較為深奧難解的典籍。

第三依是「**依義不依語**」。對佛陀說法的方式有全面性的概觀，並了解每次說法特定的背景與情況時，我們就不會妄加推斷經義，或對佛語斷章取義，當不精確的傳法而造成錯誤時，我們才有能力自行更正。

第四依是「**依智**（jñana，深觀之智）**不依識**（vijñana，分別識）」。然而，閱讀經典時，分辨能力是很重要的，因為有分別識，我們才知道佛陀所說的是依據四悉檀中的哪一項。所以我們不僅可依賴無分別智，也可依賴分別智。

二諦、三法印、二契、四悉檀、三解脫門等教理都是重要的指南，幫助我們理解佛陀說法時所用的語言。不理解佛陀的語言，就無法理解佛陀。

第三章

三解脫門

三法印⑮是鑰匙，讓我們能用以開啟空（shunyata）、無相（animitta）、無願（apranihita）三解脫門，佛教中一切宗派都接受「三解脫門」的教說⑯。此三門有時稱為「三昧」（三種禪定）⑰，當我們進入空、無相、無願三門時，即安住於三昧（定）中，也解脫了恐懼、迷惑、悲傷等束縛。

空解脫門，一切法相依緣起

第一解脫門是「空性」。空性總是意謂著什麼東西空掉了，例如杯子的水空了、碗中的湯空了，或我們空掉了獨立的自我。我們不可能單憑一己而存在，只能和宇宙其餘的一切相互依存。修行即是全天候滋養這種澈見空性的洞見，無論走到哪裡，我們都在所接觸的萬事萬物中觸及空性的本質。當我們深入地觀察桌子、藍天、朋友、山川以及自己的憤怒與快樂，就會看清這一切都缺乏獨立的自我。當我們深入接觸這些事物時，就會看見一切存在之物相互依存、融攝的本質。空性不代表「無」或「不存在」，而是表示相依緣起、無常及無我。

第一次聽說空性時，我們會感到有些害怕，但修習一段時間後，就會明白事物確實存在，只是以一種不同於自己先前所想的方式存在而已。空性是中道，介於「有」（存在）、「無」（不存在）兩種極端之間。美麗的花朵在萎謝時並未「變成」空，因為它在本質上已然是「空」；深入地觀察，我們就會明白花是由「非花」的要素所構成，例如陽光、天空、雲、大地與意識，花並無獨立的自我。佛陀在《金剛經》中教導我們，人類不是獨立於其他物種而存在，所以為了保護人類，必須保護「非人類」的其他物種。倘若我們污染了水、空氣、植物與礦物，這就是在毀滅自己。為了消除自他之間虛妄的界線，我們必須學習在那些自己過去所認為的身外之物中，看見自己的存在。

在越南，我們說若有匹馬生病了，馬廄中所有的馬都會拒絕進食。我們的快樂與痛苦就是別人的快樂與痛苦。當行為是建立在無我的基礎上時，我們的一舉一動都將與實相一致，也會很清楚什麼該做或不該做。當我們時時覺知自己與其他一切彼此相連時，這就是「空三昧」（shunyata samadhi）。實相超越於「有」、「無」的概念之上，說花朵存在並不完全正確，但說花朵不存在也不正確；真正的空性稱為「妙有」，因為它超越了存在與不存在。

當我們吃飯時，我們需要修習空解脫門，「我即是此食，此食即是我」。某天，我在加拿大與僧團共進午餐，有位學生抬頭看著我說：「我正在滋養你。」他正在修習空三昧。每當我們看著盤中的食物時，可以觀想這份食物無常、無我的本質。這是一種甚深的修行，因為那能幫助我們看見緣起。進食者與食物兩者本性是「空」，因此兩者之間的交流是圓滿的。當我們放鬆、安詳地練習行禪時也是如此，我們不僅為自己，也為了世界邁步向前；當我們觀察他人時，會看到他人與自己的苦樂相連。「和平、安詳始於自身」。

我們所鍾愛的人有天都將會生病、死亡，若不修習空三昧，當這些情況發生時，我們將會悲不自勝。空三昧是時時接觸生命實相的方法，但它是用來修行的，不是用來談論而已。我們觀察自己的身體，就會看見促使它產生的所有因緣，包括父母、國家、空氣，甚至後代子孫；我們超越時空、我及我所有（我的），親嚐真正解脫的滋味。若僅僅將空性當成哲學來研究，那就不會是解脫之門；當我們深入契入空性，體認一切存在事物緣起與相互依存的本質時，空性才會是一道解脫之門。

無相解脫門，進入實相的核心

第二解脫門是「無相」。「相」在此表示表象或「想」（感知）的對象；當我們看見某物時，某種相或意象就會出現在眼前，這就是「相」（lakshana）的含意。以水為例，若盛在方形容器裡，它的相就是「方形」，盛在圓形容器中，它的相就是「圓形」；打開冰箱取出冰塊，此時水的相是固體的。化學家稱水為H_2O，高山上的雪和茶壺冒出的水蒸氣也都是H_2O。不管H_2O是方或圓，是液體、氣體或固體，都是視不同的情況而定。「相」是方便我們使用的工具，卻不是勝義諦，且有可能會誤導我們。《金剛經》說：「凡所有相，皆是虛妄。」透過感官所產生的認識，不僅顯示感知的對象，也往往透露出能感知者的狀態。表象是會騙人的。

要讓自己解脫，就有必要修習無相三昧，因為唯有突破假相，我們才能觸及實相；只要我們仍為方、圓、固體、液體、氣體等表象所困，就依然會受苦。任何事物都無法單憑一種相來描述，但若無相，我們又會感到焦慮。我們因受困於諸相之中而產生恐懼、執著，除非觸及事物無相的本質，否則我們將會持續感到害怕，繼續受苦。要放下方、圓、硬、輕、重、上、下等相，才能接觸到H_2O，畢竟水本身非方、非圓，亦非固體。當我們解脫外相的束縛，就能進入實相的核心。然而，直到我們能在天空中看見海洋[18]，否則我們仍會一直深陷在諸相之中。

當我們能衝破諸相的藩籬，進入涅槃的無相世界時，就那是最大的解脫。那我們該到何處尋覓無相的世界呢？就在眼前的有相世界中。倘若我們拋開了水，就無法觸及水的本性；當我們突破水的種種相，看見它相互依存的真實本質時，才真正碰觸到水。在此有三個詞彙——水、非水、真水，真水即是水的本性，它的存在基礎是超越生死的。當我們能觸及本性，就能無所畏懼。

「若見諸相非相，即見如來。」這句話引自《金剛經》。「如來」（tathagata）意指「實相妙性」[19]；欲見水之妙性，必須超越水的表象，澈見水由「非水」的要素所組成。若你認為水只是水，不可能是太陽、大地或花朵，那就錯了。當你看見水即是太陽、大地、花朵，當你明白能從太陽或大地看到水時，那就是「諸相非相」。一個有機花園的園丁在香蕉皮、枯葉或腐爛的樹枝中，能看見鮮花、水果與蔬菜，也就是能看出花、果實、垃圾的無我本質。若她能將此洞見應用於其他一切領域，她就能證得圓滿的覺悟。

政治家、經濟學家和教育家都需要修習無相三昧。許多年輕人被捕入獄，但若我們修習無相觀，將會發現他們的暴力來自何處。我們的社會是什麼型態？家庭如何組成？學校教些什麼？為何我們要將一切的罪責歸咎於年輕人？為何我們不能承認自己該共同承擔的責任？生命對年輕人而言並無意義，所以他們傷害自己與他人。如果我們繼續維持目前的生活方式與社會組成的模式，就將持續製造出成千上萬個被捕入獄的年輕人。

無相並不只是個概念而已。深入觀察自己的孩子時，我們看到造就他們目前狀態的所有要素，那是肇因於文化、經濟、社會和我們自己的存在模式。發生問題時，不能只怪罪孩子，事件的背後還有許多因緣。當我們知道如何轉化自己與社會時，子女也會跟著轉變。

我們的子女在學校學習閱讀、寫作、數學、科學與其他科目，這些有助於他們將來謀生，但很少有學校課程教導年輕人如何生活，包括如何處理憤怒、如何調解衝突，以及如何呼吸、微笑和轉化內在的心所。教育界需要改革，我們必須鼓勵學校訓練學生培養和樂生活的藝術。學習閱讀、寫作或解數學題目固然並不容易，但孩子仍努力要學會；學習如何呼吸、微笑與轉化瞋怒也可能很困難，可是我曾目睹許多年輕人做到了。倘若我們能適當地教育孩子，在他們大約十二歲時，就會知道如何與他人和諧共處。

當我們超越諸相，就進入無有恐懼及無責難的世界中，我們能超越時空，看見花、水與自己的孩子，也知道就在當下、此刻，祖先存在於自己身上；我們還看到佛陀、耶穌，以及其他一切先聖先賢，他們都還未逝世。佛陀不只生活在兩千六百年前，花朵也不可能僅限於它短暫的綻放。萬事萬物都藉由諸相而顯現，假如我們陷於諸相而受困，就會害怕失去某個特定的顯現物。

有位曾住在梅村的八歲男孩突然死亡，當時我請孩子的父親在呼吸的氣息與腳下的草葉尖中充分覺知自己兒子的存在，而他也做到了。當某位著名的越南禪師逝世時，他的弟子寫下這首詩：

> 善友切莫執於相，
> 山河大地皆吾師。⑳

《金剛經》列舉我相、人相、眾生相、壽者相四種相。我們執著於「我相」，而認為有「非我」之物存在，然而一旦深入觀察，就會看見並無獨立的自我，因此解脫「我相」的束縛，而明白要保護自己，就得保護自己以外的一切。

我們執著於「人相」，因而區別人類、動物、樹木與岩石等，並認為魚類、乳牛、草木、地球、空氣、海洋等一切「非人類」事物的存在，都是為了讓人類利用及榨取。其他物種雖然也需要獵取食物，但並非以這種榨取的方式。當我們深入地觀察人類本身時，會在其中看見「非人類」的要素；而深觀動物界、植物界與礦物界時，也會從中看到人類的要素。當我們修習無相三昧時，便可與其他所有物種和諧共存。

第三種相是「眾生相」。我們認為有情眾生有別於無情眾生，然而有情眾生（生物）是由無情眾生（無生物）所構成的。當我們污染了像空氣或河川等所謂的無生物時，我們也就污染了生物。若能深入地觀察生物與無生物的相互依存，我們將會停止這種行徑。

第四種相是「壽者相」，「壽」意指壽命，即生到死之間的這段時間。我們以為自己存活於一段有始有終的特定時間內，然而一旦深入地觀察，就能看見自己從未出生也永不會死亡，恐懼自然就會消失無蹤了。藉由念、定與三法印，我們可以開啟無相解脫門，得到最大的解脫。

無願解脫門，安詳地活在當下

第三解脫門是「無願」，即無法可修、無法可證、無需計畫，也無待辦事項；這是佛教在末世論（eschatology）這個議題上的相關教示。玫瑰必須做什麼嗎？不需要，它存在的目的就僅僅為了做一朵玫瑰；你存在的目的就是成為你自己，不必為了改頭換面而跑到任何地方，你本身就已經很棒了。佛陀這項教導讓我們能欣賞自己、藍天，以及當下讓人精神振奮、恢復活力的一切事物。

無需在前方豎立任何追求的目標，我們其實早已擁有自己希冀的一切；我們本已是佛，那麼何不與另一尊佛攜手共同行禪呢？這是《華嚴經》的教義。做你自己！生命原本就是珍貴的，讓你快樂幸福的要素當下就已具足，無需追求、奮鬥、搜尋或掙扎。單純地活著吧！在當下此刻單純地活著，那是最深入的禪修。大部分的人都認為奮鬥與競爭是正常且必要的，而無法相信這看似無目標的純粹步行，其實就已足夠。只要花五分鐘試著修習無願三昧，你將親證在那五分鐘裡有多麼快樂。

《心經》說「無得」（無一法可得）。禪修並非為了達到覺悟，因為我們本身已具足覺悟。我們不必到處尋找，也無需任何目標或意圖。我們並非為了獲得某種更高的位階而修行的，在無願三昧中，我們看見自己一無所缺，已達到自己希冀的境界，於是能就此停止奮鬥掙扎，平靜、安詳地活在當下，單純地看見陽光透窗而入或聽聞雨聲，無需追求任何一物，而能享受每一刻。人們談論著要進入涅槃，但我們已在涅槃中；無願與涅槃是一體的。

晨醒即微笑，
良辰在眼前。
過好每一刻，
慈眼視眾生。㉑

這二十四小時是一份珍貴的禮物，是一份唯有開啟了無願解脫門才能充分領受的禮物。如果我們自認為擁有二十四小時可以去達到某個目標，那麼這一天就會成為達成目的的某種手段。其實劈柴、挑水的時刻就是快樂的時刻，無需等到做完雜務後才能快樂；在當下擁有快樂就是無願的精神，否則我們終生都會在原地打轉。我們已經擁有所需的一切，即使感冒或頭痛，也能讓此刻成為畢生最快樂的時刻，無需等到感冒痊癒才能快樂，感冒也是生命的一部分。

有人曾經問我：「難道你不擔心世界局勢嗎？」我先正念於呼吸，然後回答：「重要的是，別為世事而憂心忡忡，如果你滿心焦慮就會生病，對世上發生的一切將會愛莫能助。」很多地方發生了大大小小的戰爭，那會導致我們失去內心的平靜。焦慮是這時代常見的心病，我們憂慮自己，也擔心自己的家人、朋友、工作與世界局勢。如果我們終日憂心忡忡，遲早會生病。

全世界的確都有水深火熱之苦，但知道這一點卻無需氣餒。修習正念地呼吸、步行、安坐、工作，我們就是在盡全力幫助改善，且也能保有心中的平靜。憂慮無濟於事，即使你比現在更憂慮二十倍，也不能改變世界的情勢；事實上，你的憂慮只會讓情況惡化。即使情況不能如我們所願，我們仍能心滿意足，因為我們知道自己正在盡力且會持續下去。倘若我們不知道如何呼吸、微笑，以及如何深入度過生命中的每一刻，就永遠無法幫助任何人。我快樂地活在當下，我別無所求，也不期望有其他額外的快樂，或任何能帶來更多快樂的因緣。

最重要的修行是「無願」，不汲汲、不執取任何事物。

我們很幸運才能修習正念，因此即使在身心、環境上並非事事如意，我們也有責任將平靜、喜悅帶入自己的生活中。倘若我們自己不快樂，就不能庇護其他人。問問你自己：「要讓自己快樂，我正在等待什麼？我為什麼不現在就快樂起來呢？」

我唯一的願望就是幫助你們看清這一點。我們要如何在社會上推廣正念的修習？如何讓絕大多數人快樂，且讓他們知道如何教導他人正念生活的藝術？製造暴力的人何其多，而懂得如何正念呼吸與創造快樂的人卻很少。每一天，我們都有絕佳的機會讓自己快樂，且成為他人的庇護所。

我們無需有任何改變，也無需展開特定的行動，只要我們能在當下快樂，就能幫助自己所愛的人與整個社會。「無願」就是停下腳步，並體會早已在身邊的快樂。若有人問：「需要修行多久才能快樂？」我們可以告訴對方：「當下就能快樂！」修習無願，就是修習自在。

第四章

佛的三身

想將慈愛、自在、體諒等特質擬人化，這對人類而言是很自然的。在人們的這種心態下，佛陀被描述為具有「三身」，即「法身」（Dharmakaya）——覺悟與快樂的源頭、「報身」（Sambhogakaya）——法樂身或受用身，以及「應身」（Nirmanakaya）——佛陀在歷史中的化身，此化身被視為法身的千百億化身之一。kaya意指「身體」。

法身——體證智慧與慈愛之道

佛陀在即將入滅時告訴弟子：「諸位善友！明天我的色身就不存在了，但我的法身將永遠與你們同在，把它看作你們永不離去的老師吧！作自己的島嶼，皈依法，以法作為自己的明燈、島嶼。」佛陀的意思是，為了在每一刻都能體證涅槃，我們必須修習佛法，即智慧與慈愛之道，那就是法身的誕生，亦即教法之體、道體或覺悟快樂之源的誕生。法身的本義相當簡單，即體證智慧與慈愛之道。

法身是「法」的具體化，它總是時時放光，覺照一切。任何有助人們覺醒之物，都是法身的一部分，無論是樹木、青草、禽鳥、人類等。當我們聽見鳥兒的歌聲，若我們能深入回歸自我，在正念中呼吸、微笑，那隻小小的鳥兒就展現了佛陀的法身。覺醒的人都能聽到小石頭、綠竹或嬰孩的哭聲所宣示的佛法；若你覺悟了，天地萬物都是法音，每天早上當你打開窗，看見晨光流洩進來時，要知道那也是法身的一部分。

推開窗戶，
我向外望見法身。
生命多麼奇妙！
專注於每一刻，
我的心如止水般清澈。㉒

活生生的法不僅僅是藏經閣，或振奮人心的說法錄影帶、錄音帶，更是展現在你日常生活中的正念。當我看見你們正平靜、喜悅地在正念中行走時，我內心深處也有某一部分被喚醒。你們這樣行走時，我們彼此心中的法身都如太陽般發出耀眼的光芒。當你悉心照顧好自己、兄弟姊妹時，我便從中看到活生生的法。當你真正活在當下時，法身便觸手可及。

法身不只透過言行，也借助「非行動」表露出來。看看園中的樹，橡樹就是橡樹，這就是它所做的一切。每當我們看著它，就感到安定且有信心，它提供我們可呼吸的空氣，以及在夏天保護我們免受烈日之苦的遮蔭，若橡樹的功能有所短缺，大家可就麻煩了。我們可從橡樹身上學習佛法，因此它可說是法身的一部分。每塊小石頭、每片樹葉、每朵花都在宣說《妙法蓮華經》㉓。佛陀有他的法身，而我們這些未來佛也必須透過自己的法身來展現佛法。當有人以言詞挑釁時，若我們能微笑以對，並回到自己的呼吸上，我們的法就是活生生的法，其他人也能接觸到它。有時「非行動」可能比採取許多行動更有助益，就如遭遇暴風雨的小船上有個沉著鎮定的人，只要有這種人存在，我們就能扭轉情勢。

法身是永恆的佛。大乘佛教徒後來開始稱法身為「毘盧遮那佛」（Vairochana），即本體論上的佛、佛的精神、真正的佛，也是一切眾生的基礎、覺悟的基礎。最後，法身變成如實本性、涅槃與如來藏（Tathagatagarbha，如來的孕育處）的同義詞㉔。這是很自然的演變，但若我們大費周章地談論這些論點，那還不如學習如何藉由安住於正念及平靜，來體會自己的法身，觸及法身即是觸及佛陀。佛陀很清楚地表示，他的法身比色身更重要，為了延續佛陀的法身，佛陀要仰賴我們，仰賴我們的修行。

報身——體驗無量的安詳與喜樂

報身是佛陀的法樂身、受用身、果身或酬報身。因佛陀深入地修行，體驗無量的安詳、喜樂，報身就是他修行的果；當我們修習正念時，也能享受同樣的果。吸氣、仰望藍天、在正念中喝茶，在此時僅是活著我們就能感到快樂。這就是我們的受用身、報身。

我曾經讀過一則故事，主人翁是個基督徒，他對上帝的信仰並不堅定。有天他在非洲叢林中狩獵時迷路，經過一段時間仍未找到路，於是他決定禱告求助，但因他的信心不夠，所以禱告的力量也很微弱，他說：「上帝啊！若祢確實存在，現在就請出現來救我吧。」話剛說完，一個非洲人就出現了，並指示他回村子的路線，他就這樣得救了。但後來他在日記上寫著：「我向上帝祈求，出現的卻是一個黑人。」其實，拯救他的正是上帝，只因他無知，所以無法看清這一點。我們也可以說拯救他的是報身佛。佛陀與上帝都以許多形體出現，佛陀不僅在雲端裡，也在我們心中，在許多人的心中。

每當我們在和諧、安詳的情況下接觸美麗的事物時，就觸及報身佛，這稱為「自受用」（自己得享喜樂）；當我們覺得幸福、安詳，這份感受會向四面八方擴散，使別人也能享受同樣的安樂，這稱為「他受用」（他人享受我們的喜樂之身）。若能如此做，就會有許多報身佛誕生於這世界。只要我們知道如何培養自己內在覺悟的種子，那麼，每個人都有能力帶給別人快樂，協助他人減輕痛苦。若我們知道如何去觸及它，就如佛的法身一樣，其報身也是可觸及的。

應身——法身的具體呈現

歷史上的釋迦牟尼佛是應身，即法身之太陽為了協助解救眾生之苦，而投射至此世間的一道光芒。釋迦牟尼佛在歷史上確有其人，他的出現具體呈現了法身。佛陀依然以化身、以一道法身之光存活於世，讓我們得以接觸。倘若對你而言這道光不明顯，請不必擔憂，還有許多其他的法身之光或化身在宣說佛法，例如樹木、禽鳥、紫竹、黃菊。釋迦牟尼佛只是眾多化身之一，你可以透過他或其他任何一種形體而觸及應身。

我們每個人也都有三身——法身、受用身與色身。請發掘你自己的法身、法樂身與化身，它們都位於你的內心深處，問題只在於你是否發現而已。當你修習行禪，並釋放自己一部分的悲傷與瞋怒；當你深入地觀察事物，並捨棄部分的錯誤認知、貪愛及執著時，你就發現了自己內在的法身、法樂身與化身。當你觸及自己內在三身與佛的三身時，痛苦便會減少。只要接受佛陀散發的光芒並被轉化，法、報、應三身是可觸及的。當我們知道如何發掘自己內在覺悟的種子時，就能體認到自己也能轉化他人。佛陀需要我們正念地生活，享受修行之樂，並且轉化自己，如此我們才能與其他許多眾生分享法身。

第五章

三寶

皈依三寶，找到生命的依怙

我皈依佛，
那是為我指出此生道路之人；
我皈依法，
那是智慧與慈愛之道；
我皈依僧，
那是和諧、正知共住的團體。

皈依佛、法、僧是佛教的一種基礎修行，這三者是超越宗派與文化界限而獲得普遍認同的價值觀。當我們在母親子宮裡時，我們感到安全，不會有冷熱、飢餓與其他問題等傷害。「皈依」意即尋求如母親子宮般安全的處所，一個可供我們依賴的地方。

在佛教中，「信」並不意味著我們要接受一種未經親身驗證的理論，事實上，佛陀鼓勵我們親自去看。因此，皈依三寶並非盲目的信仰，而是我們修行的結果。起初對我們來說，佛陀可能是一本讀過的書，佛法可能是聽過的幾句鼓勵的話，僧團則可能是我們曾經參訪過一、兩次的團體；但隨著持續的修行，佛、法、僧便會更完整地展現在我們面前。

對所有宗教而言，「信」都是非常重要的。有些人說：「若我們信上帝，而祂也的確存在，那麼我們將會得救；若祂不存在，我們也不會失去任何東西。」神學家所談的「信念之躍」（leap of faith）㉕，就如同孩子從桌上一躍而下，跳進父親的懷裡，雖然跳下時他不能百分之百地確定父親是否接得住自己，但他有足夠的信心往下跳。在佛教中，我們的信念是具體的而非盲目的，也不是驟然縱身躍下，而是由自己的洞見與經歷所塑造而成。當皈依佛時，我們是在表達對自己的信賴，相信自己有能力以親身體驗修行成效為基礎，走向美、真理與智慧；當皈依法時，我們進入轉化之道、滅苦之道；當皈依僧時，我們全神貫注於建立一個安住於正念、和諧與安樂的團體。當我們直接接觸這三寶，並體驗它們所帶來轉化與平靜的力量時，我們的信心會更穩固。三寶並非一種概念，而是我們的生命。

皈依佛，我們自己就是佛

中國與越南的修行人總是說：「自皈依佛（我回歸仰賴自己內在的佛）。」皈依詞中加上

「自」（自己內在）表明我們自己就是佛，在皈依佛的同時，我們也必須了解「佛皈依我」，否則皈依就不完整。以下是植樹或栽種其他植物時，我們可持誦的一首偈誦：

我將自己託付給大地，
大地也將自己託付於我；
我將自己託付給佛陀，
佛陀也將自己託付於我。

種下一顆種子或一株幼苗，即是將它託付給大地，植物的生死在於大地；然而大地也將自己託付於植物，每片落地腐化的葉片，都將幫助土壤維持生命力。當我們皈依佛時，我們將自己託付給智慧的土壤，而佛陀為了使智慧、愛與慈悲得以長住世間，也將自己託付給我們。無論何時，每當聽見有人誦念：「我皈依佛」，我也同時聽到「佛陀皈依我」。

自皈依佛，當願眾生，體解大道，發無上心。
自皈依法，當願眾生，深入經藏，智慧如海。
自皈依僧，當願眾生，統理大眾，一切無礙。

皈依法，生活在正念中

在佛陀生前最後幾個月，他總是教導大眾：「皈依你自己，而非其他任何事物；你的內在就是佛、法、僧。切勿追尋遙不可及的事物，一切都在你自心中，要作自己的島嶼。」無論何時，當你感到迷惑、憤怒或迷惘時，若能修習正念的呼吸，回歸自己的島嶼，你將會置身於安全之地，那裡到處充滿溫暖的陽光、陰涼的樹蔭與美麗的花鳥。「佛」就是我們的正念，「法」就是我們有意識地呼吸，「僧」就是我們和諧運作的五蘊㉖。

倘若我坐在飛機上，聽見機長宣布即將墜機時，我會持誦「三皈依」，同時修習正念的呼吸。當你聽到壞消息時，我希望你也能如此做，但請別等到危急時才回歸自己的島嶼，應該每天都在正念中生活，以回歸自己的島嶼。如果你能將修行變成一種習慣，只要困境一出現，你便可輕易地回歸自己內在的三寶（自性三寶）。在正念中行走、呼吸、安坐、進餐等都是皈依的方法，這並非盲目的信仰，而是基於實際體驗的信仰。

佛法的書籍與錄音帶都深具價值，然而真正的佛法卻要透過生活與修行來展現。無論何時，只要有人修習四聖諦、八聖道，活生生的佛法就會現前。據說佛教有八萬四千種法門，禪坐是一種，行禪又是另一種法門，皈依法即是選擇最適合自己的法門。佛法不外乎大悲、智慧與慈愛㉗，為了體現這些特質，我們需要僧團。

皈依僧，接受僧團的教導

僧團是由比丘、比丘尼、男女在家居士所組成的四眾團體，還加上供我們修行的其他要素，例如蒲團、行禪步道、樹木、天空、花朵。在我的國家，我們說老虎若離開山中的巢穴來到山下，就會遭到人類捕捉宰殺。而當修行人離開自己的修行團體時，很可能就會放棄修行，就修行者而言，那就是一種「死亡」。隨僧團共修極為重要，即使我們對修行有深刻的體會，但如果沒有同修善友的支持，仍難以持續。

全力投注於僧團絕對是值得的。若在不毛之地播種，那麼只會有少數的種子發芽，但若選擇一塊良田播下你的善種，則他日必定豐收。建立僧團、支持僧團、跟隨僧團以及接受僧團的扶助與教導，這就是修行，我們同時擁有了自己的雙眼與僧團之眼，當僧團放光照耀在我們個人的見解上時，我們就能看得更清楚。此外，在僧團中，我們也不會養成不良的行為習慣。緊隨自己的僧團，皈依它，你將具備所需的智慧與支持。

當僧團成員和諧共住時，此僧團就是神聖的。別以為「神聖」只適用於教皇或達賴喇嘛，神聖就在你心中，也在你的僧團之中。當整個團體在正念中一起安坐、呼吸、行走及用餐時，這其中就有神聖；當你建立一個擁有快樂、喜悅、安詳的僧團時，將會在其中看到神聖的要素。佛陀的摯友與弟子波斯匿王（Prasenajit）曾對世尊說：「當眼見僧團時，我就對佛與法產生信心。」當他看見安定、祥和、喜悅、自在的比丘與比丘尼在正念中行、住、坐、臥時，便在他們身上看見佛與法。佛法與僧團是讓我們進入佛陀之心的兩扇門。

有天，佛陀與阿難一同前往憍薩羅國（Koshala）的一座僧院，到了那裡，發現除了一位罹患痢疾的比丘之外，其他所有比丘都已外出托缽。這位比丘病得奄奄一息，僧袍與床褥都沾滿了穢物。佛陀一見如此情況，便問：「其他的比丘到哪兒去了？為何沒人照顧你？」病比丘回答：「世尊！我所有的師兄弟都出門托缽去了。剛開始他們有照顧我，但當我的病毫無起色時，我就告訴他們我會照顧自己。」聽完這話，佛陀和阿難幫這位比丘沐浴，還打掃房間、清洗僧服，並為他穿上一件乾淨的僧袍。其他比丘回來時，佛陀對他們說：「諸位善友！若我們不彼此照顧，誰會照顧我們呢？當你們照顧彼此時，就是在照顧如來㉘。」

珍寶有真品、贗品，假如有人提出的教義牴觸無常、無我、涅槃「三法印」，那就不是真正的佛法。一個具備正念、安詳、喜悅與解脫的團體，才是真正的僧團，否則就不能稱為真正的僧團。佛陀也可能有真假之別，在《金剛經》中，佛陀說：「若以色見我，以音聲求我……不能見如來。」

佛、法、僧三寶相互依存

佛、法、僧三者相互依存，倘若你深入地觀察三寶中的任何一寶，也會看見其餘二者。若你護持僧團，即是在侍奉佛陀，當你的僧團是安樂的，且在修行上不斷增進時，它便會日益神聖，而其中所存在的真實的佛陀和佛法就會變得更清楚了。當你步步保持正念時，就是在悉心地照顧佛法；當你與僧團中其他成員友好相處時，即是在侍奉佛陀。進禪堂、上香、整理佛壇，這些都不是侍奉佛陀唯一的方式，握著他人的手或好好地安慰某個受苦的人，這也是在照護佛陀。當你接觸到真正的僧團時，也就觸及了佛陀與佛法。若無佛陀與僧團，佛法也無法存在；若無修行者，佛法要如何存續呢？而佛之所以為佛，是因他或她體現了法。因此，每一寶都含攝其餘二寶，當皈依一寶時，即同時皈依三寶，這可在我們生活中的每一刻證得。

傳統上，我們唱誦皈依詞三次，持誦第一次時，我們轉向更寬廣的正念、智慧與慈愛，持誦第二次則開始體現三寶，到了第三次，我們誓願幫助他人體證智慧與慈愛之道，誓願成為和平、安詳的泉源。

我們今天面對的問題不再像佛陀當時遇到的那麼簡單，在二十一世紀，我們必須共同禪修，以家庭、市鎮、國家或國際聯盟為共修團體。二十一世紀的佛——彌勒佛或慈愛之佛——極有可能是一個團體而非個人。修習慈愛與悲心的僧團，即是人們所需要的佛。我們必須轉化自身的苦以及培養建立僧團的藝術，藉此提供有利的環境，好讓這樣的佛陀出現於世，這是我們所能做的最重要的工作。

佛，是指路的導師，
是圓滿覺悟者，
他莊嚴端坐，安詳地微笑，
源源不斷湧出智慧與慈悲。

法，是清晰之道，
引領我們出離無明，
讓我們回頭，
歸於覺悟的生命。

僧，是莊嚴的團體，
常行法喜，
體證解脫，
為生命帶來平靜與快樂。

我皈依佛，皈依那為我指出此生道路之人；
我皈依法，皈依智慧與慈愛之道；

我皈依僧，皈依與和諧、正知共住的團體。
安住於佛之皈依處，我澈見此世光明莊嚴之道；
安住於法之皈依處，我學習開啟轉化之道上眾多法門；
安住於僧之皈依處，我獲得僧團光耀之助，修行無礙。

自皈依佛，我願幫助眾生，體認自身之覺性，體證慈愛之心；
自皈依法，我願幫助眾生，領會修行道，同行於解脫道；
自皈依僧，我願幫助眾生，建立四眾僧團，促進一切眾生的轉化。㉙

第六章

四無量心

四無量心是真愛的四種層面

佛世時，信奉婆羅門教者祈求死後上升天堂，永遠與宇宙之神梵天（Brahma）同在。有天，一位婆羅門教徒問佛陀：「我要如何做才能確保死後與梵天同在？」對此，佛陀回答：「由於梵天是大愛之源，為了與梵天同在，你必須修習『梵住（Brahaviharas）』，即慈、悲、喜、捨四無量心。」

「慈」的梵語是maitri，巴利語是metta；「悲」的梵文、巴利原語皆為karuna；「喜」是mudita；「捨」的梵語是upeksha，巴利語是upekkha；「住」（vihara）是住所或住處之意。四梵住是真愛的住所，此住所比四星級飯店高級得多，它的水準高達一千星級。若你修習四梵住，它們會在你心中日益增長，直到遍滿整個世界，因此四梵住又稱「四無量心」。修習四無量心，你會變得更快樂，身邊所有的人也會更快樂。

佛陀尊重每個人修習自己信仰的渴望，因此他以這位婆羅門習慣的語言來鼓舞他。若你喜歡行禪，就修習行禪，喜歡禪坐，就修習禪坐，但請保有自己猶太教、基督教或伊斯蘭教的根，這才是實踐佛陀精神的最佳方法。若切斷了自己的根，你就不可能快樂。

若你學著修習慈、悲、喜、捨，將會知道如何治療瞋怒、悲痛、不安、傷心、仇恨、寂寞、病態的執著等病症。

有些經典註釋者說四梵住並非佛陀最高深的教義，他們說四梵住無法終止一切苦與煩惱，但這種說法是不正確的。有次佛陀告訴阿難：「對年輕的比丘你應教導四無量心，那麼他們將會感到安心、堅強、喜悅，而無身心的苦惱，他們終其一生都會具備充分的能力，修習比丘的清淨之道。」㉚

又有一次，一群佛弟子參訪附近某個外道的道場，那裡的修行人問：「我們聽說你們的老師喬達摩教授慈、悲、喜、捨四無量心，我們的導師也教導四無量心，兩者有何差別？」這群弟子不知如何回應。當他們回到僧院請教佛陀時，佛陀告訴他們：「任何人修習四無量心，也修習七覺支、四聖諦、八聖道，此人將達到究竟的覺悟。」㉛慈、悲、喜、捨正是覺悟者的本質，也是我們本身與每個人、每件事物內在的真愛所具備的四種層面。

修習「慈」能帶給人喜悅與安樂

真愛的第一個層面是「慈」，即給人快樂、喜悅的願望與能力。為了培養這種能力，我們必須修習深入地觀察與傾聽，如此我們就會知道，行為舉止應如何取捨，他人才會快樂。對於自己所愛的人，若你給予的事物是他或她不需要的，那就不是慈；你必須看清對方真正的處境，否則你給予的事物可能反而為對方帶來不快。

在東南亞，有很多人特別喜歡一種帶刺的大型水果榴槤，甚至可以說是吃上了癮。這種水果的氣味異常強烈，有些人吃完後還將果皮放在床底下，以便能繼續聞它的氣味。但對我而言，那種氣味很可怕。有一天，當我在我們越南的佛寺中練習誦經時，佛桌上有顆供佛的榴槤，當時我正用木魚與大磬為法器誦念《法華經》，但我根本無法專心！最後我只好將大磬倒扣在佛桌上，把那顆榴槤「關起來」，如此我才能繼續誦經。誦完經後，我向佛陀問訊，然後拿起大磬，「釋放」榴槤。萬一你跟我說：「師父！我非常敬愛您，所以這顆榴槤請您務必嚐嚐。」你敬愛我，希望我快樂，卻強迫我吃榴槤，那我可就有苦頭吃了。這是個光有慈愛而無智慧的例子，雖然是善意的，卻缺乏正確的了解。

缺乏智慧，你的慈愛就不是真愛。你必須深入觀察，以明白及了解你所愛的人有何需要、期望或痛苦。我們都需要慈愛，它能帶給每個人喜悅與安樂，它就如空氣般自然。我們得到空氣的愛，有了新鮮的空氣，才能健康快樂；我們得到樹木的愛，有了樹木才能健康。為了得到慈愛，就必須付出慈愛，意思就是我們必須有智慧。為了讓自己的慈愛能持續，我們必須採取適當的行動或「非行動」，來保護空氣、樹木或所愛的人。

梵語 maitri可譯為「愛」或「仁慈」，有些法師喜歡用「仁慈」，因為他們認為「愛」這個字眼太危險了，但我寧可選用「愛」。字詞有時會生病，我們必須治療它們。人們向來以「愛」來表示欲望或愛好，例如「我愛吃漢堡」。我們必須更謹慎地運用語言，「愛」是個很美麗的字眼，我們必須回復它的根本意義。maitri 這個字源於 mitra，即「朋友」之意，所以在佛教中，maitri 的本意即是「友誼」。

我們內在都有慈愛的種子，我們可開發這種奇妙的力量之源，滋長不求回報的無私大愛。當我們深深了解某個人時，即使對方曾傷害我們，我們依然義無反顧地愛著他或她。釋迦牟尼佛曾對大眾宣告，下一劫成佛者名為「彌勒」（Maitreya），亦即「慈愛之佛」㉜。

修習「悲」能減輕及轉化苦

真愛的第二個層面是「悲」，即解救、轉化苦與減輕悲痛的願望和能力。「悲」通常英譯為 compassion（同情），但這種翻譯並不完全正確，因 compassion 這個字是由 com（共同）與 passion（受苦）㉝所組成，但我們無需為了解除其他人的痛苦而受苦。舉例來說，醫生能減輕病患的痛苦，卻無需親身經歷同樣的病痛，若自己受苦太深，可能會被擊垮而無法幫助他人。不過在找到更適當的字眼之前，我們還是採取 compassion 這個英譯詞。

要在自己內心培養悲心，就得修習正念的呼吸、深入地傾聽與觀察。根據《法華經》的描述，觀音是「以慈悲之眼觀察，並深入傾聽世間哀鳴」的菩薩。悲心包含深入的關注，你知道有人正在受苦，於是坐在她身邊，為了能體會她的痛苦，你仔細觀察並深入傾聽她所說的話，這時你們處於深度的溝通之中，光是這樣就能為她紓解一些痛苦。

一句慈悲的話或一個慈悲的行動或心念，便能減輕他人的苦，讓對方喜悅。一句話能安慰人、給人信心、破除懷疑、助人免於犯錯、調解衝突或開啟解脫之門；一個行動可救人一命或助人把握難得的機會；一個心念也能達到同樣的效果，因為心念能引導言語和行動。倘若我們心中有慈悲，每個心念、每句話、每個行動都能創造奇蹟。

當我還是個小沙彌時，我無法理解：如果世間充滿了苦，佛陀為何有如此莊嚴的笑容？為何他對一切苦都不為所動？後來我才了解，原來佛陀有足夠的智慧、平靜與力量，這就是苦為何未擊倒他的原因。他能對苦微笑，那是因為他知道如何處理苦，並轉化它。我們必須察覺苦的存在，同時也要保有清醒、平靜與力量，才能有助於轉變情勢。若有悲心，淚海就無法淹沒我們，這就是佛陀能展露微笑的原因。

修習「喜」能讓彼此喜悅

真愛的第三個要素是「喜」。真愛總是會為自己與我們所愛的人帶來喜悅，倘若我們的愛無法讓彼此喜悅，那就不是真愛。

經典的註釋者們解釋，快樂與身、心有關，而喜悅主要與心有關。以下是一則常見的譬喻：沙漠中的旅人看見一條清涼的水流，此時他體驗到的是喜悅，而喝水之時體驗到的是快樂。「現法樂住」意指「快樂地安住於當下」，我們不衝向未來，因為知道在當下一切都已具足。有很多小事都可帶來極大的喜悅，例如知道自己視力正常，只要張開雙眼就能看到藍天、紫色的花朵、孩童、樹木，還有其他形形色色之物。安住於正念之中，我們便能接觸到這些奇妙而讓人振奮的事物，喜悅之心油然而生。喜悅中含有快樂，快樂中也含有喜悅。

有些註釋者說，「喜」代表「感同身受的喜悅」或「利他之喜」，即當他人快樂時我們感受到的快樂。但這種解釋過於狹隘，因為有自、他之分。「喜」更深層的定義是滿懷平靜、滿足的喜悅，看到別人快樂時我們感到欣喜，也為自己的安樂感到欣喜。倘若我們不為自己感到喜悅，又怎能為別人感到喜悅呢？喜悅，是為所有人而發的。

修習「捨」能平等地愛人

真愛的第四種要素是「捨」，意即平等心、不執著、不分別、冷靜或放下。「捨」的梵語是upeksha，upa表示「位於上方」（over），iksh表示「觀看」（look）㉞；要爬上山，才能俯瞰縱覽整個形勢，不為任何一方所限。若你的愛帶有執著、分別、偏見或依附，那就不是真愛。不了解佛教的人有時以為「捨」表示漠不關心，其實真正的「捨」既不冷漠，也非漠不關心。譬如說你的子女不止一個，他們每一個都是你的孩子，「捨」並不表示你不愛他們，而是你不偏心，每個孩子都享有你的愛。

「捨」有個標誌稱為「平等性智」㉟，即對每個人一視同仁，不分自、他的能力。在衝突對立中，即使我們極度關切，但依然保持中立，並能愛護、了解彼此，我們卸除一切分別與偏見，打破自、他之間所有界線。一旦我們視自己為愛人者而對方為被愛者，或看重自己更勝於他人，或者認為自己不同於其他人，那麼我們就不具備真正的捨心。如果我們想要了解對方並真正付出愛，就必須設身處地，與對方合而為一，如此一來，就沒有「自」、「他」之分了。

沒有捨，你的愛就可能帶有獨占欲。夏日微風可以極為清爽宜人，但若我們企圖把它裝進罐頭裡，讓它完全屬於自己，這陣微風將會死亡。我們的摯愛也是如此，他就如一片雲、一陣風、一朵花，若將他囚禁在罐子裡，他便會死去。然而，許多人的行徑正是如此，他們剝奪自己摯愛的自由，直到對方完全失去自我，這些人活著只是為了滿足自己，而利用摯愛來幫助他們達到這個目的。這不是愛，是毀滅！你說你愛一個人，但若不了解他的願望、需求、難處，他就被囚禁在一個名為「愛」的監獄裡。真正的愛讓你保有自由，也讓你的摯愛擁有自由；這就是「捨」。

慈必須含有悲、喜、捨，才能成為真正的慈，悲必須具有慈、喜、捨，才能成為真正的悲，真正的喜必須含有慈、悲、捨，而真正的捨必須具有慈、悲、喜；這是四無量心相互依存的本質。當佛陀告訴那位婆羅門教徒修習四無量心時，他也給了我們所有人一項非常重要的教導。想要將真愛的這四個層面融入自己與摯愛的生活中，我們必須深入自我觀察並修習它們。在許多經典中，佛陀都鼓勵人們同時修習四無量心、四聖諦與八聖道，如此便永不墮苦海㊱。

第七章　五蘊

根據佛教的說法，人是由色、受、想、行、識五蘊（skandhas）所組成。五蘊含攝一切，包括我們的內在、外在、大自然與社會。

觀察色身為組合物，並無實體

「色」（rupa，形體）是指我們的身體，包括五根（眼、耳、鼻、舌、身五種感官）與神經系統。要修習身念處（於身念身），或許你會想平躺下來，練習全身放鬆，讓身體好好地休息，然後注意自己的額頭，「吸氣，我覺知額頭；呼氣，我對額頭微笑」。以正念的力量擁抱你的額頭、腦部、眼睛、耳朵與鼻子，每次吸氣時，就注意身體的某個部位，每次呼氣時，則朝同樣的部位微笑。

運用正念與慈愛的力量擁抱身體的每個部位，擁抱心、肺、胃，「吸氣，我覺知心臟；

呼氣，我擁抱心臟」。練習以正念之光掃瞄全身的每個部分，並滿懷慈悲與關懷地對它們微笑。以此方式掃瞄完全身後，你會覺得很棒。這樣做只需要半小時，身體在這三十分鐘內會得到徹底的休息。請好好地照顧身體，讓它休息，並以溫柔、慈悲、正念與慈愛擁抱它。

學習將自己的身體視為一條河流，而體內每個細胞都是一滴水，在每一個剎那中，都有細胞誕生與死亡；生與死相輔相成。想要修習身念處，請隨著自己的呼吸，把注意力集中到身體的每個部位上，從頭髮一直到腳趾。正念地呼吸，並以正念的力量擁抱每個部位，一一辨識，並報以愛的微笑。佛陀曾說身體中有三十二個部位需要辨識及擁抱，請辨別身體中地、水、火、風四界，看清你身體內、外這四界的結合，同時在動植物、礦物界看到你的祖先與後代子孫生生不息的存在；也要覺知身體的各種姿態（行、住、坐、臥）及動作（彎曲、伸展、淋浴、穿衣、吃飯、工作等）。一旦你精通了這種修習，在受（感受）與想（感知）生起時，你就能覺知它們，並能練習深入地觀察它們。

要見到自己色身無常與相互依存的本質，並觀察到身體並無恆常不變的實體，如此你就不會將自己完全認同於色身，以為身體即是「我」。要看清身體是組合物，缺乏任何可稱為「我」的實體。視身體為海洋，它充滿了潛伏的波浪與海怪，有時風平浪靜，有時你可能會困於海上的暴風雨中。你要學習平息浪潮、馴服海怪，別讓自己被海浪捲走或被海怪抓住。有了深入的觀察，色身便不再是一種「取蘊」（upadana skandha，執取之蘊），你就能安住於解脫，不再為恐懼所縛。

擁抱感受，培養無畏

第二種蘊是「受」（vedana，感受）。我們內在有條感受之河，河裡的每一滴水都是一個感受。要觀察自己的感受，我們可坐在河岸邊，在每個感受流經時一一辨別，它可能是樂受、苦受或不苦不樂受，每種感受逗留一段時間後，另一個感受又生起。禪修就是要覺知每個感受，辨識出它，對它微笑，深入地觀察，然後全心地擁抱它。若繼續深入地觀察，就會發現感受的真實本質，我們就不再感到害怕，即使對苦受也是如此。我們知道自己並不僅僅是感受而已，我們還能擁抱每個感受，並好好地照顧它。

深入地觀察每種感受時，我們辨別其根源在於色（身體）、想（感知）或意識深處之中。了解一種感受正是轉化它的開端，即使是強烈的情緒，我們也要學習以正念擁抱入懷，直到它們平復為止。我們要修習正念的呼吸，將注意力集中於腹部的起伏上，並悉心照料自己的情緒，一如照顧尚在襁褓中的弟妹。我們練習深入地觀察自己的感受與情緒，並辨認出是哪一種食助長及形成它們㊲。

我們知道，若能提供自己更健康的食，就可轉化感受及情緒。我們的感受是組合物，並非恆常不變，也不具實體；我們學習不去認同感受，不將它視為「我」，不在它之中尋求皈依，也不因它而死。這種修習幫助我們培養無畏，並讓我們從執著的習氣，甚至是執著苦的習氣中解脫出來。

以智慧取代「想」，獲得自在

第三種蘊是「想」（samjña，感知）。我們內在有條感知之河，「想」生起了，持續一段時間後消逝。想蘊包含作意、安立名相（命名和概念化作用），以及能想（能感知者）與所想（所感知的對象）。當我們在「想」（感知）時，經常會扭曲感知的對象，而造成許多苦受；換句話說，我們的「想」經常是錯誤的，因而使自己常常受苦。深入地觀察「想」的本質，不對任何事過於自信，這非常有幫助。過於自信會讓自己受苦，「我確定嗎？」這是個非常好的問題。若我們如此自問，將有絕佳的機會再次去細察，看看自己的「想」是否正確。能想與所想是不可分的，當感知者以錯誤的方式感知，所感知的事物也會不正確。

從前有個人正划船逆流而上時，突然看見另一艘船迎面而來。他大叫：「小心！小心！」但那艘船正對著他直衝過來，差點就撞翻了他的船。此人怒氣衝天，開始咆哮，但他仔細一瞧，那艘船上根本空無一人，它是自行順流漂下來的，於是他哈哈大笑。當我們有正確的「想」時，會感到比較好過，若我們的「想」錯誤時，就可能引起許多苦受。所以我們必須深入地觀察事物，就不會被誤導而陷入痛苦與令人難過的感受之中。對我們的安樂而言，「想」是非常重要的。

我們的「想」受到內心現有的許多苦惱所制約，例如無明、貪愛、仇恨、瞋怒、嫉妒、恐懼、習氣等。我們缺乏澈見事物無常與相互依存本質的洞見，且在如此的基礎上去感知現象。倘若我們修習念、定與深入的觀察（慧），便可發現自己感知的錯誤，而解脫恐懼與執著的束縛。一切苦都由錯誤的「想」而生，而禪修的結果——智慧，能消融錯誤的「想」，讓我們獲得自在。我們必須時時警覺，且永遠都別以自己的「想」為依歸。《金剛經》提醒我們：「凡所有相，皆是虛妄。」我們應能以般若——真實見、真實知，來取代「想」。

覺知心所，一切無常

第四種蘊是「行」（samskara，心所）。任何由其他要素構成的事物都是一種「行」：花是一種「行」，因為它是由陽光、雲、種子、土壤、礦物質、園丁等構成的；恐懼也是「行」，一種心所；我們的身體是「行」，一種生理的「行」；受蘊與想蘊也是「行」，但因它們非常重要，所以自成一類。根據北傳佛教唯識宗的說法，「行」（心所）共有五十一種。

這些心所中的四十九種（除了受蘊、想蘊以外）都包含在行蘊之中，所有五十一種心所全都以種子（bijas）的形態存在於我們的藏識深處，每當觸動一顆種子，它就會在意識的表層顯現為一種心所。修行即是要覺知心所的顯現與存在，並深入地觀察它們，以便明瞭其真實的本質。因為我們知道一切心所皆無常，且不具實體，我們就不會認同行蘊，也不會以它為依歸。透過日常的修習，我們將能滋養與增長善的心所，並轉化不善的心所，而自在、無畏與安詳即是如此修習的果。

轉化意識，成就個人與群體

第五種蘊是「識」（vijñana）。此處的識指的是藏識，它是我們存在的基礎，也是我們一切心所的基礎。例如喜悅、安詳、智慧、慈悲、失念、嫉妒、恐懼、絕望等心所未現行時，就是以種子的形態蟄伏於藏識之中，有五十一種心所，就有五十一種不同的種子深埋在藏識中。每當我們澆灌其中一顆種子，或允許其他人澆灌它時，那顆種子就會現行，而成為一種心所。我們對自己與他人會澆灌哪些種子必須小心謹慎，若讓內在的負面種子獲得水分，我們可能就會被它所淹沒。識蘊包含色、受、想、行四蘊，也是這四蘊存在的基礎。

然而，識蘊既屬於群體，也屬於個體。集體意識由個人意識所組成，個人意識也由集體意識所構成。我們的意識可透過正念地消費、正念地守護六根及深入地觀察等，而從根本上得到轉化，這種修習應該以自己識蘊中個人與群體雙方面的轉化為目標。要達到如此的轉化，與僧團共修是極為重要的。當我們轉化了內心煩惱時，識即轉為智，光耀十方，並向個人與整個社會指出解脫之道。

深入觀照五蘊而脫離苦

五蘊彼此相互依存。苦受生起時，請深入地觀察自己的色、想、行與識蘊，看清造成苦受的原因何在。如果是頭痛，苦受就來自色蘊，但苦受也可能來自行蘊或想蘊，例如你的苦受可能來自於自以為某人恨你，但實際上那人是愛你的。

深入地觀察自己這五條河流，看清其中任何之一如何含攝其餘四者。例如觀察色之河，起初你可能認為色蘊只是生理現象而非心理現象，然而，你體內每個細胞都包含其餘所有層面。今天人類已有可能從體內取出一個細胞，然後複製出一個完整的個體，這稱為「複製」（無性生殖）。「一」含攝一切，你體內的一個細胞含攝你整個色身，也含攝受、想、行與識，且不只屬於你，也屬於你的雙親與祖先。每一蘊都含攝其餘諸蘊，以受蘊為例，每種感受都包含所有想蘊、行蘊與識蘊，因此深入地觀察一種感受，就能發現一切。以相互依存的角度來觀察，你將會看到一即一切，一切即一。請別認為色蘊存在於受蘊之外，或受蘊存在於色蘊之外。

佛陀在《轉法輪經》中說：「執取五蘊，即是苦。」他並未說五蘊本身是苦。在《寶積經》（*Ratnakuta Sutra*）中，有一景對我們很有幫助：有個人丟擲土塊去打一隻狗，狗對著土塊狂吠不已，牠不明白該負責的是那個人，而不是那塊土。佛在此經中接著說：「同樣的，困於二元對立觀念的凡夫，以為五蘊是苦因，但其實他受苦的根源，是在於不了解五蘊無常、無我、緣起等本質。」㊳讓我們受苦的並非五蘊，而是我們對待它們的方式。當我們觀察一切存在的無常性、無我性與緣起性時，將不會厭惡生命，這樣的認識，甚至有助於我們看到一切生命的可貴。

當我們不能正確地理解事物時，便會執著它們，而被其所束縛。《寶積經》使用了「蘊」（skandha）與「取蘊」（upadana skandha）這兩個詞：「蘊」是構成生命的五蘊；「取蘊」同樣是這五蘊，不過是作為我們執取的對象。我們受苦的根源並非五蘊，而是自己的執取。有些人由於無法正確地認識苦的根源，因此畏懼六塵[39]，也厭惡五蘊。所謂「佛」就是生活在安詳、喜悅、自在之中的人，既不畏懼也不執著任何事物。

我們隨著每個呼吸調和自身的五蘊，這就是真正的修行。然而，修行並非把我們局限在自己的五蘊之中，而是同時要覺知此五蘊是根植於社會、大自然，以及與我們共同生活的人之中。你要以自身五蘊的聚合為對象而禪修，直到能看見你自己與整個宇宙合一。當觀世音菩薩深入地觀照五蘊的實相時，他看見了自我的空性，於是解脫苦；若我們能精進不懈地深觀五蘊，同樣也能解脫苦。一旦五蘊回歸其本源，自我亦不復存在。看見一即一切，即打破了執著於「我」的邪見，這是一種以為「自我是能獨立存在的不變實體」的信念，打破這種邪見，即解脫了一切苦厄。

第八章

五力

以正念回歸自己的天堂

我與兄弟姊妹從小生長在越南中部，下雨時，我們總愛跑到屋外的院子裡「淋浴」，當時我們好快樂！一會兒後，母親會叫我們進屋吃一碗醃豆苗拌飯或鹹魚拌飯，我們就捧著碗坐在門口，邊吃邊看著雨滴不斷落下。我們無憂無慮，不想過去、未來或任何事，只是快快樂樂地在一起，享受快樂的時光與食物。新年那天，母親會準備特別的糕點，我們嘴裡嚼著糕點，跑到戶外跟小貓、小狗玩耍。有時身上穿著漿過而硬挺的新衣，走起路來還會發出窸窸窣窣的聲音。當時我們真以為置身天堂。

隨著年齡的增長，我們開始為課業、穿著、工作、養家活口等擔憂，更遑論戰爭、社會的不公與其他眾多難題了。我們以為已失去了天堂，但其實只要記得如何為心中的天堂種子澆水，就能再度創造真正的快樂。即使在今天，你我都能在每次正念地呼吸中回歸自己的天堂。我們真正的家不僅在過去，它就在當下，而正念是可在日常生活中產生的能量，它能引領我們回到自己的天堂。

修習五力，耕耘藏識之田

五根（indriyani）是能幫助自體產生這種能量的動力製造廠，而五力（balani）是這種能量的運作。所謂五根或五力，即信、精進、念、定、慧；作為五根，它們就如發電廠；作為五力，它們則有能力推動八聖道中所有要素，一如電力顯現為光或熱。

五力之首是「信」，具有正信時，我們內在會釋出很大的能量。若無洞見為前導，而將信心放在不可靠或虛妄不實的事物上，這種信心早晚會轉成懷疑；但若信心是由洞見與智慧所構成，就能觸及真、善、美。我們修習佛法，以克服困境而達到某種轉化，此時獲得的信心就是自信，猶如農夫對自己的耕作法所具有的自信，這並非盲信，也不是對一套觀念或教條的信仰㊵。

第二種力是「精進」，這是讓修行充滿喜悅的能量。信心生起精進，而精進又接著強化信心。我們因為有精進之力的推動才能真正地活著；我們雙眼發亮，步伐堅定㊶。

第三種力是「念」，我們運用念的力量以深入觀察，具備深刻的洞見。禪修是產生念的動力裝置，無論禪坐、吃飯或洗碗時，我們都能學習攝心正念。正念讓我們能深入地觀察，對當前發生的一切瞭若指掌。正念是犁，是鋤頭，也是灌溉洞見的水源，而我們是園丁，整地、播種、澆灌自己內在的善種㊷。

第四種力是「定」，我們需要定，才能深入地觀察與澈見。在吃飯、洗碗、行、住、坐、臥、呼吸或工作時保持正念，我們便是在培養定力。念引生定，而定引發慧與信，我們的生活因為有這四種特質而充滿喜悅與活力（即精進力）㊸。

第五種力是「慧」或洞見，這是深入觀察與澈見的能力，修習此能力可產生對事物的理解。看得清楚，就能捨離虛妄不實，信心也會成為正信㊹。

當這五種動力製造廠正在運作，產生電力時，它們就不只是五根而是五力。製造某種東西和具備它們所引發的力量，這兩者之間是不同的，倘若身、心的能量不足，這五所發電廠就需要維修，而當發電廠正常運作時，我們就能產生修行與安樂所需要的能量。

藏識含藏這一切能量的種子，當喜悅或瞋怒尚未浮現於意識時，我們可能會說：「我沒有這種情緒。」但我們的確有情緒，只是埋在意識底下的藏識中，當因緣齊備時，種子將會現行。我們可能說：「我不生氣，我心裡沒有怒氣。」但我們的潛意識中仍有瞋怒。每個人都有蟄伏的瞋怒種子，一直潛藏在底下的藏識中。修行時，我們努力灌溉正向的種子，同時讓負面的種子保持蟄伏的狀態。我們不說：「除非我去除內心所有的惡種，否則我無法修行。」假如你去除所有惡種，你的修行將無任何下手處。目前，我們需要以內在一切的不善種子修行，否則負面種子將會茁壯，而造成很大的痛苦。

修習五力，就是耕耘藏識這塊土地，播下善種且加以灌溉，然後當這些種子成長，開花結果而出現在意識時，會將更多的善種撒遍藏識。若想讓善種留在意識中，你需要讓善種持續存在的條件，「相同性質的果」將會在你心中重新種下善種㊺。

眾生有佛性，人人可成佛

《法華經》說：「一切眾生皆有佛性。」在適當的因緣下，我們內在的佛性種子將會成長。佛性種子亦可稱為正念的種子，或深觀、智慧與正信的種子。這些其實都是同一個種子，而修行就意味著促使此一妙種現行。當我們正念分明時，定力就已現前；處於定中，就有洞見與智慧；有信心，就會精進。正念既是我們內在的佛種，定也因此早已存在於這顆正念的種子中。

「佛陀」（Buddha）這個名號源於動詞詞根budh，意即覺醒、了解、深入明瞭當下發生的事。當明瞭、了解、醒悟實相之際，即有正念，因為正念意味看見並了解當前發生的情況。我們所見是深或淺端視自己覺醒的程度，每個人內在的佛種或覺醒、了解的能力，便稱為「佛性」，那是覺知當下發生情況的正念種子。若我說：「未來佛！這朵蓮花獻給你。」這句話代表的意思是：「我清楚地看見你內在的佛性。」你可能很難接受自己內在存有佛性種子，但我們都有正信、覺悟、了解與覺知的能力，而那就是「佛性」之意，人人都可成佛。

然而，對我們而言，尋覓中的寶藏卻一直隱而不現。請別再像《法華經》中那位身懷珍寶卻四處尋寶的人，請回到自身中繼承真正屬於自己的遺產，別在自身之外尋求快樂，別以為自己沒有快樂，快樂就在你的內心。常不輕菩薩不可能討厭任何人，因為他知道每個人都能成佛，因此無論老幼，他都會對人說：「我不敢輕於汝等，汝等皆當作佛。」一聽到這句話，有些人滿心喜悅，信心油然而生；但也有些人以為受到嘲笑，於是大聲辱罵，且以石塊攻擊他。無論如何，常不輕菩薩一生都如此修持，提醒人們其本具的覺醒能力。為何你還在世間到處流浪，尋找自己早已擁有的東西呢？你本來就是世上最富有的人啊！

培養喜悅，修習慈愛

對於認為無法愛自己的人，我們該如何伸出援手呢？為了讓她展露笑靨，我們該如何幫助她觸及其內在本有的慈愛種子，使它開花？身為益友，我們必須學習深入地觀察自身與他人的識蘊，如此才能幫助朋友培育慈愛的種子，促使她展現愛的能力。

其實還有第六種力，稱為「包容力」或「忍」。快樂的能力非常珍貴，面臨困境時依然能感到快樂的人，有為自己和他人帶來光明與喜悅的能力，親近這樣的人，我們也會感到快樂。處逆境而不改其樂的人即使入地獄，也會以歡樂的笑聲照亮地獄。有位菩薩名叫「地藏」，他的修持法是跳入苦的深淵，為他人帶來光明與歡笑。如果你的共修團體有這樣一個快樂微笑的人，且不論在任何處境都擁有信心，那就是個很好的僧團。

問問自己：「我是這樣的人嗎？」乍看之下，你可能因為有種自卑感，而認為自己不是，這也是一種憍慢㊻。請聽從常不輕菩薩的勸告，深入地觀察自己的藏識，承認其中含藏著快樂的種子，以及愛與快樂的能力。要常常心存喜悅。或許你認為洗碗是卑賤的工作，但當你捲起衣袖、扭開水龍頭、注入肥皂水時，你可以感到無比的快樂；正念地洗碗，你可親眼目睹生命有多麼奇妙。每一刻都是讓你灌溉心中快樂種子的機會，若你在任何環境都能培養出快樂的能力，就能與他人分享自己的快樂。

除此之外，你可能會想：這是個令人不愉快的情況，我得脫離這裡到他處去，於是你會像浪子般四處流浪。一旦領悟自己無論身在何處都能快樂時，你便能在當下落地生根，而接受於當下發生的任何情況，並讓它們成為自己生命與快樂的泉源。陽光普照時，你感到快樂；大雨傾盆時，你也快樂。無需到其他任何地方去，也不必航向未來或回到過去。當下一切都是你自家之物，一切讓人快樂的情況都已現前，只要你碰觸自己本有的快樂種子即可。

你走進一座有人悉心照料的花園，看到一朵鮮嫩美麗的玫瑰時，你若摘取必然會碰到刺。玫瑰就在眼前，而花刺也同時存在，你得設法了解那些刺才能把花摘下。修行也是如此，請別說因為有刺，所以無法快樂；請別說因為心中仍有悲傷、瞋怒，所以無法享受任何事物。你必須了解如何處理自己的悲傷、瞋怒，才不會失去喜悅的花朵。

當結使與痛苦蟄伏於藏識時，正是我們練習灌溉正面種子的好時機。當苦受進入意識時，我們必須正念地呼吸、行禪，以處理這些感受。為了使更多快樂的種子進入藏識中，請勿錯失灌溉快樂種子的良機。

佛陀即將入滅時，侍者阿難傷心哭泣，佛陀安慰他：「過去諸佛都有很好的侍者，但阿難，他們都比不上你。」此時佛陀正在灌溉阿難心中快樂的種子，因為阿難一直全心全意地侍奉佛陀。佛陀對阿難說：「阿難！那一望無際的金黃色稻田真美！你看到了嗎？」阿難回答：「看到了，世尊！這些稻田的確很美。」因為阿難總掛念著要照顧佛陀，而無法摘取平日生活中的「玫瑰」，所以佛陀總是一再地提醒他注意美的事物。

看到天際的雲彩時，問你的朋友：「你看見那片雲嗎？真是燦爛耀眼，對不對？」我們要如何生活，才能天天灌溉心中的快樂種子呢？答案是培養喜悅，修習慈愛。當我們具有正念的力量時，便可輕易地修習它們；若缺乏正念，我們如何能看見美麗的稻田？如何能感受到可愛的雨滴呢？當我吸氣時，我知道雨正不斷落下；呼氣時，我對著雨微笑。當我吸氣時，我知道雨是生命不可或缺的一部分；呼氣時，我再度微笑。正念幫助我們重拾自以為早已失去的天堂。

安坐於自家天堂中

我們想回到自己真正的家，卻又有「逃家」的習慣；想坐蓮華座，卻反而在火紅滾燙的木炭上坐立難安。若能安穩地坐在當下，我們就如坐在蓮華上。佛陀的造型總是安詳地端坐蓮華上，因為他一直待在自家中，無需四處奔跑。享受安坐於當下就稱為「只管打坐」或「非行動」，釋廣德比丘就能安詳地坐著，即使身上著火，烈燄吞噬全身也毫無改變，依然坐在蓮華上㊼。這是在明瞭「無一物可失」的情況下，安坐於任何環境的最高能力。

於一切處皆能平靜的能力，就是一種正面的種子，但想逃離的動力卻不是。倘若我們修習正念，無論意圖逃避的力量何時生起，我們都能微笑地面對它說：「嗨！老朋友，我認得你。」任何習氣一經辨識，其影響力多少會減弱。每次魔羅出現時，佛陀都說：「我的老友，我認得你。」於是魔羅就逃逸無蹤。

在《三彌提經》(*Samiddhi Sutra*)㊽中，佛陀教導我們要修行，才能在當下享有快樂。我們無需逃離或捨棄現在的家，而去追尋所謂的天堂，那是個虛幻不實的家，其實它只是快樂的影子而已。當我們在自己的發電廠產生信、精進、念、定、慧時，便能證知我們真正的家早已充滿光明與力量。

第九章

六波羅蜜

修習六波羅蜜，到安樂的彼岸

六波羅蜜是大乘佛教的教義之一。「波羅蜜」（paramita）英譯為perfection（圓滿、完成）或perfect realization（圓滿的證悟）；漢譯為「度」，意指「到彼岸」，彼岸即安詳、無畏、解脫之岸。修習波羅蜜的修持可成為日常生活中的修行：我們在痛苦、憤怒、沮喪的此岸，想要到達安樂的彼岸，為了達到此目標，我們必須有所作為，那就稱為「波羅蜜」。我們回歸自我，修習正念地呼吸，正念地觀察自己的痛苦、憤怒與沮喪，並報以微笑。當我們如此做時，即超越了自身的痛苦而到達彼岸，我們每天都可以修習「波羅蜜」。

每當你正念地跨出一步，就有機會離開悲傷之地，走入喜悅之境。當下即可到達淨土，天國是我們心中的一顆種子，知道如何在濕潤的土壤培育這顆種子，有天它將會長成一棵大樹，而有眾鳥群集棲息。無論何時，當你感到有需要時，請隨時修習跨越到彼岸。佛陀說：「切勿期望彼岸出現在眼前，若想到達安穩、安樂、無畏、無瞋的彼岸，你得自己游泳或划船過去。你必須精進！」此精進即指修習六波羅蜜。

（一）布施波羅蜜——布施、供養、慷慨大方。

（二）戒波羅蜜——戒律或正念學處。

（三）忍辱波羅蜜——包容力，即能接受、忍耐及轉化一切敵人或愛你的人加諸於你身上的痛苦。

（四）精進波羅蜜——勤奮、熱力、堅忍不拔。

（五）禪定波羅蜜——禪定。

（六）般若波羅蜜——智慧、洞見、理解。

修習六波羅蜜，幫助我們到達解脫、和諧與良好關係之彼岸。

布施波羅蜜——給予即獲得

到彼岸的第一個練習是布施波羅蜜。所謂「布施」，首先意味著給予快樂、喜悅與愛。在亞洲有種蔥蒜類植物人盡皆知，可加在湯裡、炒飯或煎蛋都很美味。這種植物它的再生能力很強，每次割除不到二十四小時就會重新再長出來，而且採收得愈頻繁，長得愈是茂盛。這種植物可以代表布施波羅蜜：絲毫不為自己私藏，只想要布施。當我們布施時，對方或許會感到快樂，但可以肯定的是，自己絕對會很快樂。在佛陀許多的本生故事中，都談到了他修習布施波羅蜜的經過㊾。

我們能布施給別人最寶貴的禮物，就是我們真實地存在。我認識一個小男孩，有次父親問他：「你想要什麼生日禮物？」孩子支支吾吾地不知該如何回答，父親很富有，買得起任何他想要的禮物，但一天到晚忙著賺錢，以致很少在家，所以孩子最後說：「爸爸，我想要『你』！」這其中的寓意很明顯：若愛一個人，就要為對方而真實地存在。當你贈予這份禮物的同時，你也獲得喜悅這份禮物。請學習藉由禪修而讓自己真正地活在當下。當你正念地呼吸時，就讓身、心合一。「親愛的！我為了你而存在。」這是你在修習布施波羅蜜時，可持誦的一句真言。

其他還能布施什麼呢？布施我們的安定。「吸氣時，我將自己視為一座山；呼氣時，我自覺穩如泰山。」我們的摯愛需要我們的堅定與安穩。藉由正念地呼吸、步行與安坐，並享受深入地活在每一秒中，我們可培養自己的安定力。安穩即是涅槃的特徵之一。

其他還能布施什麼呢？布施我們的解脫自在。除非我們解脫貪愛、瞋怒、嫉妒、絕望、恐懼與錯誤的「想」等煩惱，否則不可能有快樂。解脫自在也是涅槃的特徵之一。有些快樂其實會毀滅我們的身、心與人際關係，所以解脫貪愛是一種重要的修行。要深入地觀察能為自己帶來快樂的事物所具有的本質，看清那是否真的使我們的摯愛受苦，想真正活得自在，就得明白這一點。回到當下，接觸生命中伸手可及的奇蹟，此刻就有許多能讓我們快樂又有益的事物，例如壯麗的日出、藍天、山川與周遭所有可愛的臉龐。

【圖四】 **六波羅蜜**

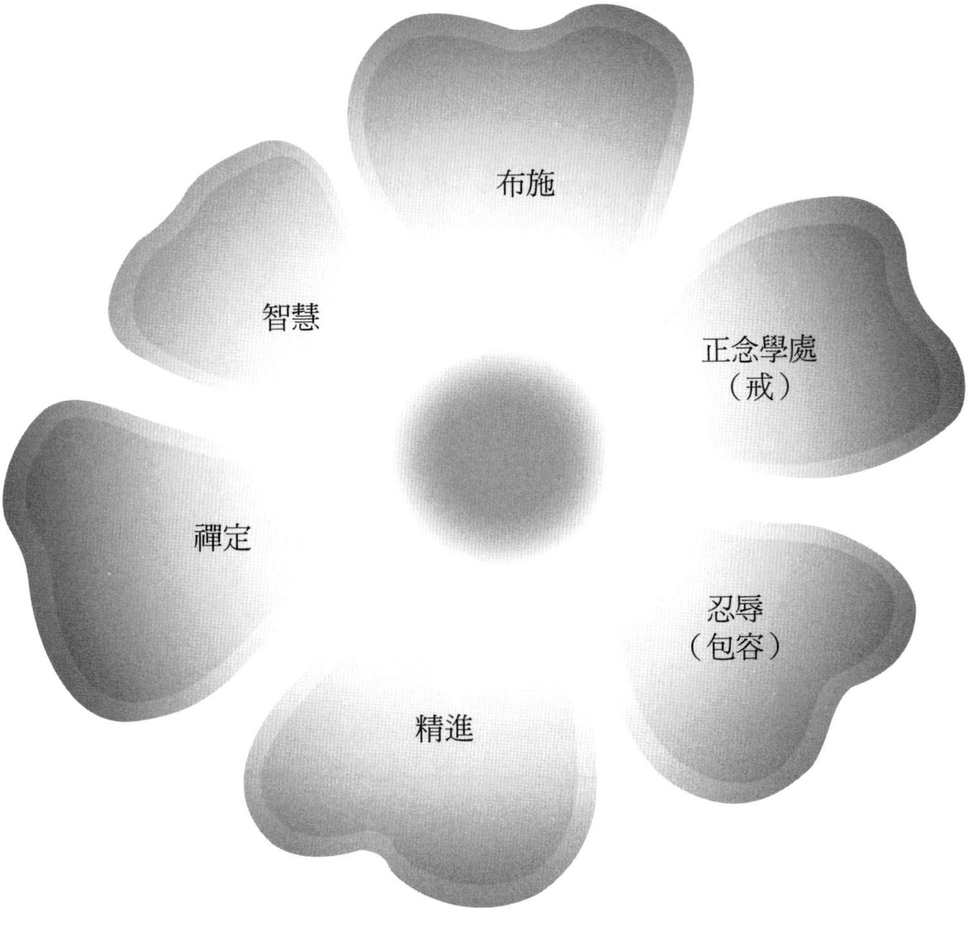

其他還能布施什麼？布施我們的清新朝氣。「吸氣時，我將自己視為一朵鮮花；呼氣時，我感到清新有朝氣。」你可如此呼吸三次，讓自己立即恢復鮮花般的生氣。多棒的禮物！

其他還能布施什麼？布施「安詳」。能坐在安詳的人身旁是件美妙的事，我們從那份安詳中獲益甚多。「吸氣時，我將自己視為一池靜水；呼氣時，我如實映照萬物。」我們可將自身的安詳、覺照贈予自己的摯愛。

其他還能布施什麼？布施「空間」。我們的摯愛需要空間才能快樂，例如插花時，每朵花都需要一定的空間才能真正展現它的美。人也像一朵花一樣，內心和周遭的環境若無足夠的空間，就無法快樂。我們無法在市場裡買到這些禮物，必須藉由本身的修持來製作。我們布施愈多，所擁有的就愈多；我們的摯愛快樂時，自己也會立刻快樂起來。因為對人布施的同時，也是在對自己布施。

布施是絕佳的修行。佛陀曾如此開示：當你對某人生氣時，若盡了一切努力而仍有怒氣，就修習布施波羅蜜吧！生氣時，我們往往想要懲罰對方，但如此一來只會讓痛苦有增無減。佛陀建議我們別如此做，反而要送對方一份禮物。沒有人會在生氣時想出門買禮物，因此，你最好趁現在心平氣和時抓緊機會準備禮物，然後當所有方法都失效時，將準備好的禮物寄給對方，很神奇地，你立刻會覺得好過多了。

國與國之間也是如此。為了使以色列擁有和平與安全，以色列人必須設法保障巴勒斯坦人的和平與安全；而為了使巴勒斯坦人擁有和平與安全，他們也要確保以色列人的和平與安全。你布施什麼，就會獲得什麼。別企圖懲罰別人，反而要贈予他們所需之物。修習布施能讓人很快地到達安樂的彼岸。

有人讓你受苦時，那是因為他們自己也深受痛苦，且苦不堪言，此時他們所傳達的訊息是需要幫助，而非懲罰。倘若你能看出這一點，請給予他們當下所迫切需要的，那就是減輕痛苦。安穩、快樂並非個人之事，對方是否安全、快樂，也決定了你自己是否安全、快樂。真心誠意地祈願對方安全、快樂，那麼自己也將感到安全、快樂。

其他還能布施什麼？布施「智慧」。智慧是修行之花。全神貫注於某個對象，深入地觀察，那麼你將會具備洞見與智慧。當你把智慧布施給他人時，對方的痛苦會立即停止。

波羅蜜之花的第一片花瓣是布施波羅蜜，也就是修習付出、贈予。你所給予的正是你所得到的，其速度比人造衛星所發射的信號還快。無論你布施的是自己的真實存在、安定、朝氣、安穩、解脫自在或智慧，你的禮物都能創造奇蹟。布施波羅蜜即是修習慈愛。

戒波羅蜜——慈愛的表現

第二個練習是戒或正念學處的圓滿，即戒波羅蜜。正念五學處有助於保護我們的身心、家庭與社會。

正念第一學處是關於人類、動植物及礦物等生命的保護，保護其他眾生就是在保護自己。第二學處是避免人類剝削其他生物或大自然，這也是修習布施。第三學處是保護孩童與成人不受性侵害，以維護個人與家庭的幸福。有太多家庭毀於不當的性行為，而當你修持正念第三學處時，正是保護你自己、家人與伴侶，也有助於讓其他人獲得安全感。正念第四學處是修習深入傾聽與愛語；正念第五學處則與正念地飲食及消費有關[50]。

修習正念五學處是一種慈愛的表現，也是一種布施，它確保我們家庭、社會的健全與維護，所以戒波羅蜜是我們能獻給社會、家庭與我們摯愛的一份大禮。我們可奉獻給社會的最珍貴禮物，莫過於修習正念五學處。我們的生活若能奉行正念五學處，就是在保護自己與摯愛，而修習戒波羅蜜時，我們就是在布施生命中最珍貴的禮物。

讓我們一同深入地觀察個人與全體受苦的原因，如此一來，我確信我們將會發現，正念五學處是對治當代弊病的良藥。每個傳統都有相當於正念五學處的行為準則。每當看到有人受持正念五學處，我都會感到非常高興——為這個人與他的家庭，也為我自己，因為我知道正念五學處是修習正念最具體的方法。為了能深入地修習它們，我們身邊需要一個僧團。

忍辱波羅蜜——具備廣大的心量

波羅蜜之花的第三片花瓣是忍辱波羅蜜。「忍辱」是接受、擁抱與轉化的能力。梵文kshanti一詞通常英譯為patience（耐心）或forbearance（忍耐），但我相信inclusiveness（包容）更能傳達佛陀的教導。修習忍辱時，無需受苦或忍耐，即使必須接受苦難與不公時也是如此。例如某人的言行激怒我們，因為他們將不公之事加諸我們身上，然而我們若心量夠寬廣，就不會因此而受苦。

佛陀曾教示以下這個絕妙的意象：若你在一小碗水中加入一把鹽，這碗水會變得太鹹而無法入口，但若將同樣一把鹽投入大河中，人們依然能飲用這河中的水（別忘了這則教導出現在兩千六百年前，當時還能汲取河水飲用）。因為河水寬廣，所以能接納及轉化，不會因為一把鹽而受苦。

倘若你心量狹小，那麼一句不公平的話或行為，就會令你痛苦；若你的心量很大，又有智慧與慈悲，同樣一句話或行為就不會使你痛苦，你在一瞬間就能接受、擁抱並轉化它；重要的是你自己的心量。要轉化自身的苦，心量必須廣如大海，其他人也許因一句不友善的話受苦，但若是菩薩聽到了，便會將這句話照單全收而絲毫不覺其苦。這全取決於你接受、擁抱與轉化的方式。若你的痛苦持續太久，那是因為你尚未學會修習忍辱或包容力。

當佛陀的兒子羅睺羅十八歲時，佛陀曾對他做了一次絕妙的佛法開示，教他如何修習忍辱。羅睺羅的親教師舍利弗當時也在場，所以也同時親聞領受了教導。十二年後，舍利弗有個機會向比丘、比丘尼眾重述這次的開示，當時是三個月夏安居㊿結束的翌日，比丘們正準備離開僧院，各自去四處行腳弘法，這時有位比丘向佛陀告狀：「世尊！今天早晨舍利弗尊者即將動身時，我問他要前往何處，他不但未回答我，反而將我推倒在地，連一句對不起也沒說。」

佛陀詢問阿難：「舍利弗走遠了嗎？」阿難回答：「世尊！不遠，他一個小時前才離開。」於是佛陀請一位沙彌去找舍利弗回來。沙彌將舍利弗帶回來時，阿難召集僧院中所有比丘，然後佛陀步入會堂，正色地對舍利弗說：「舍利弗！今天早上你要離開僧院時，有個師兄弟想問你問題，你是否未回答他，反而將他推倒，連一句道歉也沒有？」

對於佛陀的詢問，舍利弗在所有同修道友前回答佛陀㊿：

世尊！我記得十二年前您在羅睺羅比丘十八歲時對他的開示，為了滋養及增長慈、悲、喜、捨的德行㊸，您教他觀地、水、火、風的本質，雖然您是對羅睺羅開示，但我也從中學習並一直努力觀察及修習這項教導。

世尊！我一直努力以地為師而修行，大地寬廣開闊，具有接受、擁抱與轉化的能力。無論人們將鮮花、香水、鮮乳等清淨芳香之物投擲在地，或將糞溺、血污、涕唾棄之於地，大地都一視同仁，平等接納，而無愛憎；無論你將何物丟擲於地，大地都能接受、擁抱及轉化它。我盡全力以地為師而修行，努力接納一切，不抗拒，不抱怨，不以為苦。

世尊！我修習正念與慈心。比丘若不於此身中念身、於身行中念身行❺❹，就可能推撞同修，讓他倒在地上而不道歉。然而，對同修動粗，把他推在地上，然後不說抱歉就走開，這並非我的作風。

世尊！我也一直將您對羅睺羅的教導謹記在心，以水為師而修行。無論人們投入水中之物是淨或穢，水都平等接受而無愛憎。水廣闊無邊，奔流不息，能接受、容納、轉變及淨化這一切物質。我盡全力以水為師而修行。比丘若不修習正念，不以水為師而修行，就可能將同修推倒在地，連一句「對不起」也不說，便逕自走開。但是我並非這種比丘。

世尊！我也一直以火為師而修行。火燃燒一切，無論淨、穢、美、醜而無愛憎。將鮮花、絲綢投入火中，火會燃燒；將破布與其他臭穢之物丟入火中，火也接納而燃燒殆盡，不起分別。為什麼？因火能接納、吞噬、燃燒投入其中的一切。我一樣盡力以火為師而修行，能燃盡負面的事物而加以轉化。比丘若不正念於眼見、耳聞與觀想，就可能推倒同修，逕自走開而不道歉。世尊！我並非這種比丘。

世尊！我一直以風為師而修行。風挾帶一切氣味，無論香或臭，而無愛憎，它能轉變、淨化、釋放。世尊！我一向於身念身，於身之運動念身之運動，於身之姿勢念身之姿勢，於受念受，於心念心。比丘若不修習正念就可能推倒同修，逕自走開而不道歉。我並非這種比丘。

世尊！我就如賤民之子55無衣可穿，也無任何頭銜或勳章可佩帶在襤褸的衣衫上。我一向修習謙卑，因我知道謙卑具有轉化的力量，所以每天努力學習。不修正念的比丘可能會推倒同修，逕自走開而不道歉。世尊！我並非這種比丘。

舍利弗繼續發出「獅子吼」，但原先告狀的比丘再也受不了，於是偏袒右肩56，長跪向佛請求原諒：「世尊！我違犯戒律。我因瞋怒、嫉妒，所以說謊誣賴長老舍利弗。我乞求僧團允許我懺悔，後不復犯。」在佛陀與整個僧團面前，這位比丘向舍利弗禮拜三次。眼見同修對自己禮拜，舍利弗也對他問訊，說道：「我還不夠善巧，所以才會造成誤解。這件事我也有責任，我也懇請你原諒我。」說完，舍利弗也對他禮拜三次，兩人重修舊好。事後，阿難請舍利弗留下來喝杯茶再動身出發。

壓抑自己的痛苦並非佛法所謂的忍辱或包容，我們必須接受、擁抱痛苦，並轉化它。要做到這點，除了擴展自己的心量之外別無他法。必須深入地觀察，才能理解而原諒，否則就會陷入瞋怒與怨恨的深淵，以為只要懲罰對方就會覺得好過。報復是一種有害的食，助人的心意才是有益的食。

修習忍辱波羅蜜，我們需要其他波羅蜜相輔相成。如果我們所修習的忍辱不符合智慧、布施與禪定波羅蜜，那麼就只是勉強壓抑自己的痛苦，把它推到意識的底層罷了！這種作法很危險，因為積壓的力量將來會爆發而摧毀自己與他人。若你能修習深入地觀察，你的心就會無量無邊地開展，痛苦也會減少。

我剃度的第一個弟子是一位名叫釋一住（Thich Nhât Tri）的比丘，他隨同我和真空（Chân

Không）比丘尼，為了拯救越南中部的流血犧牲者而多次進行弘法，並在我的要求下留在一個貧困的小村落好幾個月。我們當時正成立「社會青年服務學校」（the School of Youth for Social Service）[57]，因此需要了解農村地區人民真正的處境。我們想找出一個非暴力與慈心的方式，幫助窮困的人們改善生活水準，這是一個完美的社會改良運動。

最後，我們召集了一萬名工作者。共產黨說我們佛教的運動是親美運動，而大眾傳播媒體卻說我們佛教的出家人是偽裝的共產黨，企圖安排共產黨來接管佛教。其實，我們只是努力地做自己而已，並未與任何交戰黨團同一陣線。一九六七年，一住比丘和其他七位社會工作者遭到一個極右派團體綁架，此後再也沒有他的下落。

某天，一住比丘走在西貢的大街上，突然有個站在軍用卡車上的美國士兵朝他頭上吐痰。他回來後不斷流淚，年輕氣盛的他很想反擊，為了轉化他深受傷害的心靈，我以雙臂摟著他約莫半小時。我對他說：「孩子！你生來不是持槍的，而是來出家修行的，你具有的力量是智慧與慈愛。那個美國大兵以為你是他的敵人，那是他的錯誤認知。我們需要的是，只以智慧與愛為戰備而上前線的『戰士』。」他一直留在「社會青年服務學校」效力，後來遭到綁架，很可能已經遇害了。釋一住是梅村比丘、比丘尼眾的大師兄，他的筆跡幾乎與我的一模一樣，他也曾寫過一些優美的曲調，讓牧童在鄉間歌唱。

我們如何才能洗去這樣的不公？如何才能轉化整個國家所遭受的不公？柬埔寨人、波士尼亞人、巴勒斯坦人、以色列人、西藏人，我們都深受不公與不容異己之苦，然而我們非但末將彼此視為兄弟姊妹，反而持槍相向。我們一時因瞋怒而氣昏了頭，唯一的反應就是懲罰對方，怒火不斷地在心中燃燒，繼續焚毀我們的兄弟姊妹。這就是當前世界的處境，因此我們需要深入地觀察，以幫助世人了解每個人都是犧牲者。

我告訴一住比丘：「若你誕生在美國紐澤西州或加州沿岸的某個家庭，若你閱讀的報章、雜誌跟那些美國士兵一樣，你也會相信所有的出家人都是共產黨，也會對著一個和尚的頭吐痰。」我還告訴他，美國士兵被訓練得把所有越南人都當成敵人，他們奉派來越南殺人或被殺，所以一如越南士兵與平民老百姓，他們也是犧牲者。持槍朝我們射擊的人、對你吐痰的人，都不是這場戰爭的製造者，真正的戰爭製造者正舒服地坐在北京、莫斯科與華盛頓特區的辦公室裡。這場戰爭是來自一個錯誤的政策，而它源於一種錯誤的理解。

一九六六年我到華盛頓會見羅伯特．麥克納馬拉（Robert McNamara）[58]，我當時對他說的戰爭本質全都是真的。半年後，他辭去美國國防部長之職，而最近他寫了一本書，坦承越戰是嚴重的錯誤。也許，我當時也曾幫助他在心中播下一些理解的種子。

錯誤的「想」必須為錯誤的政策負責，而錯誤的政策必須為成千上萬名美國與越南士兵，以及數百萬越南人民的死亡負責。住在鄉下的人無法理解為何他們要以這種方式喪生，為何砲彈要夜以繼日地落在他們頭上。有一次，一枚火箭彈射入「社會青年服務學校」的佛堂，當時我正睡在鄰近佛堂的臥房中，差點遇害。若你滋長自己的仇恨與瞋怒，就是在焚毀自己，而理解是脫困的唯一出路。如果你能理解，痛苦就會減少，也會明白如何掌握不公的根源。

佛陀曾說，若一支箭射中你，你會痛苦，但若第二支箭射中相同的部位，你會比之前痛苦一百倍 59 。當你因為成為不公的犧牲者而深感憤怒時，你的痛苦將增加一百倍；當你的身體遭受某種痛苦時，吸氣、呼氣，然後對自己說：「這只不過是生理上的痛罷了！」若你想像那是癌症，認為自己將不久於人世，那麼你的痛苦將會增加一百倍。源於無明的恐懼或仇恨，都會擴大你的痛苦，而般若波羅蜜是你的救星，若明白如何如實智見一切事物而無絲毫妄加的謬見，你就能繼續存活。

我熱愛越南人民，也在越戰時期盡全力幫助他們；但參與越戰的那些美國男孩，在我眼中同樣也是犧牲者，我並未仇視他們，我的苦也因此大為減輕。許多人已克服了這種痛苦，我們從那樣的痛苦得到教誨，而非來自學術研究。為了傳達原諒、慈愛與理解的訊息，為了一住比丘與許多喪生的人，我活了下來，與世人共享這訊息，如此他們才不會白白地犧牲。

請練習深入地觀察，如此你將會大幅減輕疾病、不公所帶來的苦，或身心內輕微的痛苦。深入地觀察引生理解，而理解始終都能引生慈愛與接納。當你的小寶寶生病時，你自然會盡力幫他，但你也清楚小嬰兒必須生病數次，才能產生他所需要的免疫力；同樣的，你知道自己能存活下來，是因為你體內已經產生抗體。別擔心，「完美的健康」只不過是個概念；要學習與自己身上的任何病痛和平共存，努力去轉化它們，別因為它們而讓內心承受太多苦。

佛陀在世時也遭受過許多苦，不止一次有人想陰謀扳倒他或甚至殺害他。有次當他腿部受傷而人們想幫助他時，他卻說那不過是小傷，且他也盡力將痛楚降到最低。另有一次，他領導的僧團中有五百名比丘離開並另立僧團，他極為從容而冷靜地處理這件事。最後，這些棘手的情況都被克服了。

關於如何培養包容力，佛陀有非常具體的教導——慈、悲、喜、捨⑩。倘若你修習四無量心，你將具有廣大的心量。因為菩薩有大悲心，所以能接受、擁抱及轉化；因為菩薩有大智慧，所以不會受苦。這是獻給世界與我們所摯愛者的一份大禮。

精進波羅蜜——避免澆灌負面種子

波羅蜜之花的第四片花瓣是精進波羅蜜，即勤奮、熱力或持續地修習的圓滿。佛陀曾經說過在我們的藏識深處，有各種正面及負面的種子，包括憤怒、迷惑、恐懼等種子，以及智慧、慈悲與諒解的種子。這其中許多種子都是我們的祖先遺傳下來的，為了修習精進，我們應該學習辨認自己內心的每顆種子。例如憤怒、恐懼、嫉妒或分別等煩惱的負面種子，我們就應該防範，避免它們在日常生活中得到澆灌，因為它們一旦得到澆灌，就會在意識的表層中現行，讓我們與摯愛因而受苦。修習精進，就是避免澆灌我們內心的負面種子。

我們同樣也要辨認所愛之人內心的負面種子，並盡力不去澆灌它們，否則他們將會非常不快樂，我們也會跟著不快樂。這就是修習「有選擇性地澆灌」：若想要快樂，就要避免澆灌自己的負面種子，也請其他人別澆灌它們，同時也要避免灌溉別人內心的負面種子。

此外，我們還要辨識自己內在的正面種子，試著以能讓自己的日常生活觸及這些種子的方式過活，並幫助它們在意識的表層現行。一旦這些正面種子在我們的意識表層中現行並停留一段時間，它們的力量便會增強。如果這些正面種子能夠日益茁壯，我們將會快樂，我們所摯愛的人也會快樂。請辨識出你摯愛之人他（她）內心的正面種子，並澆灌這些種子，那麼他或她就會變得更加快樂。在梅村，我們修習「澆花」，即辨認他人內心最好的種子並澆灌它們。無論何時，只要你有時間，就請為需要澆灌的種子澆水，這項精進的修行是絕妙且令人十分愉悅的，而效果更是立竿見影。

請想像一個圓從中一分為上下兩半，下半部是藏識，上半部是意識。所有的心所都深藏在藏識中，而藏識中的每顆種子都能被觸動，而於上層的意識中現行。所謂持續地修行，就是竭盡所能不在生活中觸動藏識中的負面種子，而讓它有現行的機會。瞋怒、分別、絕望、嫉妒和貪愛的種子都存在其中，我們要盡一切可能防止它們生起。我們要告訴住在一起的人：「如果你真的愛我，請別澆灌我內心這些負面種子，那對你我的健康毫無益處。」我們必須辨識那些不該獲得澆灌的種子。但是若有一顆負面的或煩惱的種子得到澆灌而現行，我們就要盡一切力量以正念擁抱它，並幫助它回歸其來處。這些種子在意識中停留愈久，其力量便愈強。

佛陀建議我們修習一種「換木栓」的方法。當一塊木栓規格不正確、腐爛或破損時，木匠會在同一個位置釘上另一塊新木栓來取代舊木栓。如果你心中生起某種心所，而你認為它是不善的，修行的方法就是引生另一種心所來取代它。你的藏識中有許多美善的種子，只要正念地呼吸，促使其中之一現行，那麼原先出現的不善種子自然會沉落下去。這就稱為「換木栓」。

第三種修習是盡可能地觸動自己藏識中的正面種子，愈多愈好，讓它們於意識中現行。當你看電視時，如果想看某個節目，只要按選台器，電視上就會出現你要看的節目；同樣的，你只邀請美善的種子出現並安坐在你意識的客廳中，而絕對不要邀請會為你帶來悲傷與煩惱的客人進門。此外，你還要告訴朋友：「若你們愛我，請每天澆灌我內心的善種。」正念是一顆美妙的種子，那是我們內心的佛，所以要利用每個機會觸動這顆種子，幫助它於上層的意識現行。

第四種修習是在善種一現行時，就讓它盡可能地持續下去。以正念為例，若能保持正念十五分鐘，正念的種子將會壯大，下一次當你需要正念之力時，會更容易促生。幫助正念、諒解與慈悲等種子茁壯相當重要，要做到這一點，就要讓這些正面種子盡量地維持在自己的意識層中，這種方法稱為「轉依」（ashraya paravritti，根本上的轉化）。這是精進波羅蜜真正的意義。

【圖五】 **正念的種子**

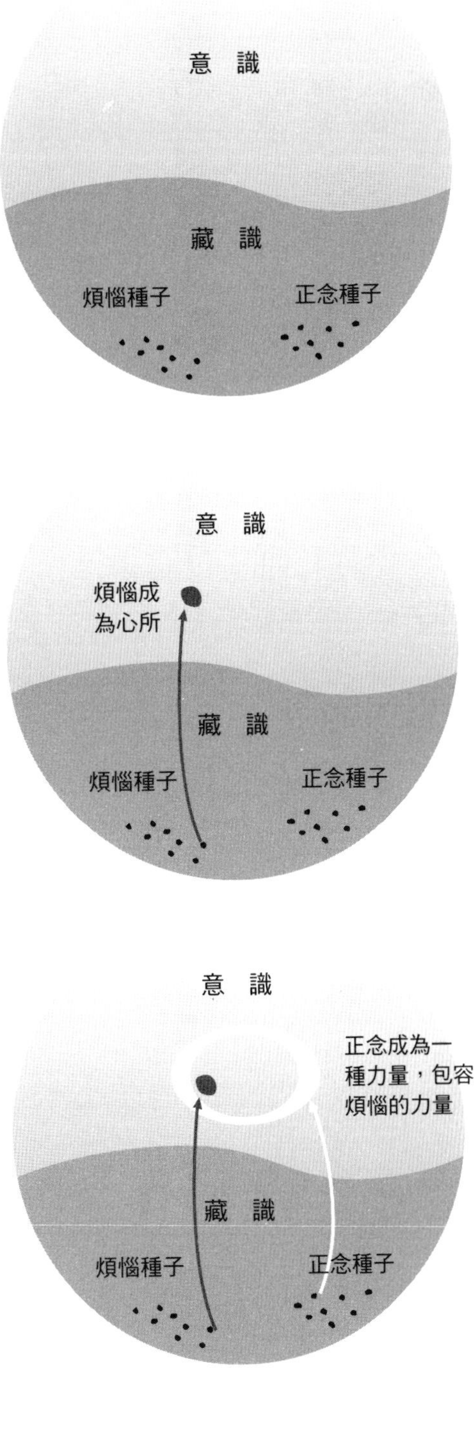

禪定波羅蜜——停止追逐快樂

第五種波羅蜜是禪定波羅蜜，即禪定的圓滿。禪定（dhyana，禪那），日文唸zen，中文唸「禪」，越南文唸thien，韓文唸son。禪定包括兩個層面[61]，首先是「止」（shamatha，奢摩他），我們一輩子追逐個人觀念中的快樂，「止」就是停止這種追逐與失念，不再受困於過去或未來，回歸本家——生命觸手可及的當下。

當下含攝每一刻，在當下我們就能接觸自己的祖先、兒女與後代子孫（即使他們尚未出生）。修習「止」即是透過正念地呼吸、正念地步行與安坐，以安定身體與情緒。「止」也是修習定，如此修習可使我們自己能深入度過生命中的每一刻，觸及自己生命的最深處。

禪定的第二個層面是「觀」，以澈見事物的真實本質。我們深入地觀察自己的摯愛，洞悉對方內心深處有何痛苦、難題或願望。智慧是一份很珍貴的禮物，但日常生活中時時以正念為指引，這也是珍貴的禮物。做每件事都能保持正念，這就是在禪修，因為正念總是滋養著定與慧。

般若波羅蜜——深入理解實相

第六片花瓣是般若波羅蜜，即智慧的圓滿。這是最高層次的智慧，它完全不受任何知識、概念、看法、見解的束縛，它是我們內在佛性的本質，這種智慧具有帶領我們到達解脫、自在、安詳之彼岸的力量。在大乘佛教裡，般若波羅蜜被描述成是「諸佛之母」，一切真、善、美的事物都誕生於我們的母親——般若波羅蜜。她就在我們心中，因此只需觸動她、幫助她現行即可。八正道中的正見即是般若波羅蜜。

關於般若波羅蜜這個主題有大量的經典文獻，《心經》是這類經典中篇幅較短的一部經，《金剛經》與《小品般若經》（*Ashtasahasrika Prajñaparamita*，八千頌般若經）則屬於早期的般若經典。般若波羅蜜就是無分別智（不起分別的智慧）。

若你深入地觀察自己的摯愛，就能理解對方的痛苦、困境與內心最深處的期望，只有基於這樣的理解，才可能有真愛。當某人能理解我們時，我們會感到非常快樂，若我們也能同樣地理解他人，那就是真愛，對方將如花般綻放，我們自己也同時受益。智慧（理解）是修行的果，深入地觀察意味著活在當下，也就是正念現前、專心一志，若深入觀察任何一個對象，智慧（理解）之花就會綻放。佛陀的教誨正是幫助我們深入地理解實相。

讓我們一起來觀察海面上的一陣波浪，波浪就是波浪，它有開始有結束，相較於其他波浪，我們可以說這陣波浪它更高或更低、更美或更醜。然而，一陣波浪同時也是水。水是波浪存在的基礎，對波浪而言，自知本質為水，不僅僅是一陣波浪，這是很重要的。我們也是如此，以一個個體的生命來過自己的人生，我們相信自己的生命有開始有結束，而且有別於其他眾生。

這正是佛陀普勸世人要更加深入地觀察，以觸及自己存在的基礎——涅槃的原因。萬物都深藏著涅槃的本質，都已「涅槃」了，這就是《法華經》的教導。只要我們深入地觀察，便能觸及實相的本性；深入地觀察一顆小圓石、一朵花或我們自身的喜悅、安詳、悲痛、恐懼，如此就觸及自己存在的究竟向度，而此向度將向我們顯露，我們存在的基礎具有不生不滅的本質。

我們無需「證得」涅槃，因為我們自己始終都安住在涅槃中，一如波浪無需追求水，它本來就是水。我們和自己存在的基礎是一體的。一旦波浪領悟自己本來是水，一切的恐懼自然消逝無蹤；同樣的，一旦我們觸及自己存在的基礎，我們也就觸及上帝或涅槃，同時獲得無畏這份禮物。無畏是真正快樂的基石，我們能贈予別人最大的一份禮物就是無畏。深刻地度過生命中的每一刻，觸及自己生命的最深處，這就是修習般若波羅蜜。般若波羅蜜即是藉由智慧、洞見而渡越彼岸。

圓滿的智慧（般若波羅蜜）存在於其他一切波羅蜜中，它就像是容器，如果容器在燒窯過程中有瑕疵，就會有裂縫，裝在裡面的液體就會滲出。般若波羅蜜是一切波羅蜜之母，是「諸佛之母」；猶如鳥的雙翼，可以運載飛鳥到任何地方去，倘若無般若正見，其他波羅蜜就不可能有長遠的進展。

六波羅蜜相互融攝

以上是佛陀所開示的關於六波羅蜜的修行，其中任何之一都含攝其餘五種波羅蜜；般若是布施，禪定是布施，精進是布施，忍辱是布施，持戒也是布施。如果你能深入地修習布施，同時也是在修習禪定、智慧等波羅蜜。同樣的，在我們眼中，布施是持戒，智慧是持戒，禪定是持戒，精進是持戒，忍辱也是持戒。若你能深入地修習一種波羅蜜，就是總修六種波羅蜜。只有當智慧與洞見現前時，禪定才是真正的禪定，精進、忍辱、戒、布施才是真正的精進、忍辱、戒、布施。簡而言之，智慧提升其餘五波羅蜜修習的品質。

深入地觀察自己的處境，看清自己內心有多麼豐富，明瞭自己當下所擁有的一切即是珍貴的禮物。此刻不開始修習，更待何時？在你開始修行的那一刻，立刻就有快樂的感受。修習佛法不在時間的長短，請你自己去親證，佛法真的能轉變你的生命。

當你深陷在悲傷、痛苦、沮喪、瞋怒或恐懼中時，別在痛苦的岸邊徘徊不去，請邁步跨越，到達解脫自在、無畏、無瞋的彼岸。只要正念地呼吸、正念地步行與深入地觀察，你將踏上自在、安樂的彼岸。你無需花五年、十年或二十年的時間修行，就可到達彼岸，當下你就能做到。

第十章

七覺支

覺悟的七種因素

所謂「七覺支」（sapta-bodhyanga，七菩提分），即念、擇法、精進、喜、輕安、定、捨。「覺支」的梵語bodhyanga，由bodhi與anga兩個字組成，bodhi（菩提，意即「覺醒」、「覺悟」）源於動詞詞根budh-，此動詞有「醒來」之意，即覺知內在與周遭的現況，而源於同一個動詞的Buddha（佛陀）即是「覺者」；anga意指「分支」。七覺支亦可譯為「覺悟的七種分支（因素）」。

佛陀在佛教徒所謂的菩提樹下（bodhi tree，學名*Ficus religiosa*）禪坐，而於晨星初昇之際證悟，此時他說：「多麼奇妙啊！一切眾生皆有根本覺性，但他們卻對此一無所知，而生生世世漂流於大苦海上。」[62]這段話意謂七覺支本來就潛藏在我們心中，只是自己卻不知道而已。

據說佛陀起初頗為猶豫，無法決定是否該分享他在菩提樹下所得的洞見，只有在持續禪修之後才了解，若他提出具體方法幫助眾生覺悟，將會有許多眾生能獲益。「七覺支」向我們闡明了覺悟與覺悟之道的特徵。請想像一棵樹有七枝大樹枝，每一枝都象徵一種覺支，這些樹枝年年增長，抽出帶有嫩葉的新枝，換句話說，覺悟一直都在成長中，不是只發生一次就圓滿的。令人安心的是，佛陀將喜與輕安視為覺悟的要素。

念覺支——回到當下

「念」（smriti）覺支是菩提樹上的第一個分枝，為七覺支之首，此字的字義是「憶持」，亦即不忘自己當下身在何處、有何舉動以及與何人相處。念總是在我們與自己、他人或事物產生關係時才生起，它不是我們擺在口袋隨時需要就可取用的。例如在街上看到且認出一個朋友時，我們並未將「辨認」從口袋裡拿出來，它是在整個情境下所自然生起的。我們的呼吸、行走、舉止、感受與周遭的現象都是念生起的「背景關係」中的一部分。倘若經過訓練，我們每次呼吸時，正念都會現前，如此一來，呼吸就成為正念生起的因緣了。

你可能認為：「我是正念現前的主因。」但四下環顧，你永遠找不到一個「我」。電話鈴聲、時鐘的報時聲、你的老師與你所在的共修僧團，都可能是成為正念現前的有利因素。想像自己正在海灘上行禪，突然一個念頭生起：「我銀行的存款夠不夠？」這時只要你將覺知拉回到雙腳與沙子的接觸，就可以回到當下。你之所以能做到這一點，是因為在此之前你已經有行禪的經驗，但提醒你回到當下的是你的腳，而不是你的「我」。

佛陀在《念處經》中問道：「若修習四念處，要多久時間才能覺悟呢？」對於這個問題，他首先自答「七年」，然後又說：「短則半個月即能覺悟。」這表示覺悟隨時皆可得，所需要的只是有利的條件，正如太陽永遠都在，即使被雲層遮蔽時也是如此。佛陀說：「藉由四念處的修習，你將能證得七覺支。」[63]

擇法覺支——深入實相

第二覺支是「擇法」（dharma-pravichaya，對諸法的探究）。人類愛好探究事物，且通常希望探察的結果能符合某種特定模式，或證明某種特定的理論；但有時若能不預設立場，允許事物單純自然地顯現，在此情況下，將能擴展我們的知識和視野。當我們想研究枝頭上的嫩芽時，也許會問它：「你來自哪裡？要到哪裡去？你真的這麼嬌小嗎？」而嫩芽可能這麼回答：「我將會長成一片葉子，夏天翠綠，秋天橙黃，然後掉落地面，兩年內我就會變為大地的一部分。我其實並不小，而是如大地般廣大。」帶有正念的探究，引領我們深入生命，契入實相。

精進覺支——培養生命的活力

第三覺支是「精進」，意即精力、努力、勤奮或堅持不懈。精力來自於許多種源頭，有時只要想到未來即將獲得的成果，就會讓我們精力十足；在佛教中，精力是來自正念、擇法與對修行的信心。當我們深入地觀察時，會明白生命是超越自己所能理解範圍的奇蹟。然而，對當今許多年輕人而言，生命是毫無意義的，每年有成千上萬名年輕人自殺，在某些國家裡，自殺而死的年輕人人數甚至比交通事故致死的人數多。我們必須幫助年輕人，讓他們從生命奇蹟的體驗中培養生命的活力，幫助他們活得有意義。

即使我們身受痛苦，若能看見生命中的意義，我們也會擁有精力，心懷喜悅。精力不單是身體健康良好的結果，或達成某種物質或精神目標的願望，它也是對自己的生命感到有意義的結果。時機不當的精進或在不當之處精進，都會耗損我們的精力，例如在尚未培養出良好的定力前，坐禪的時間若過長，也許會導致我們討厭禪修，甚至索性放棄坐禪。當悉達多太子在菩提樹下禪修時，已培養出高度的定力。另外一例是阿難尊者，在佛弟子的第一次經典結集前，大迦葉告訴阿難，因為阿難證悟的境界不夠高，所以無法受邀參加結集，於是阿難徹夜坐禪，在破曉時分證得「阿羅漢果」(64)。當阿難到達結集會場時，大迦葉與其他比丘都看得出他的修行已有突破，他煥發的光采就是明證。

輕安覺支——練習放下

第四覺支是「輕安」（prashrabdhih，舒適自在），輕安總是伴隨著精進。在所謂的第三世界，人們往往比那些「過度開發國家」的人感到更為自在，在第一世界的國家中，人人都承受著極大的壓力，迫切需要減壓課程。他們的壓力來自不斷的思考與憂慮，還有生活型態。我們必須學習把精力從頭部往下移至腹部，並且至少每十五分鐘做一次「放下」的練習。

當我們臥病在床時，什麼事都不做，甚至往往不吃不喝，把所有的精力都放在治療疾病上。即使沒有生病，我們也必須練習休息，坐禪、行禪、正念地飲食都是休息的好時機。當你自覺躁動不安時，如果能去一趟公園或花園，那就是個休息的機會。倘若你能慢步行走並記得放輕鬆，或者偶爾坐著什麼也不做，就能獲得深度的休息，並進入真正輕安的狀態。

喜覺支——接觸令人振奮的事物

第五覺支是「喜」（priti），喜伴隨樂（sukha）而起，但兩者有不同之處。當你口渴時，有人端杯水給你，這時感受到的是喜，當你真正地將水喝下時，這是樂。即使你身體不舒服，仍有可能在心中增長喜悅，這將有助於身體的復原。

喜悅來自接觸存在於我們身心內外、令人精神振奮的美麗事物。通常我們只接觸那些錯誤的事物，如果能擴大自己的視野，也看看正確的事物，這種更為寬廣的視野一定會給你帶來喜悅。

定覺支——置心一處不動搖

第六覺支是「定」（samadhi），sam- 表示「一起」，a- 是指「導引至某個特定的地方」，-dhi 是指「心的力量」。我們集中心力，並把它導向某個對象。借助於定，我們置心於一處而不動搖，心自然維持專注於一境。為了擁有正念，我們需要定，一旦增長正念，定力也會跟著增強。

定本身是非善非惡的，小偷闖空門也需要定力。定是否有益要視我們專注的對象而定，假如你運用禪定來逃避現實，定就是有害無益的，甚至在佛陀出生前，就有許多禪修者為了脫離塵世而修定。當佛陀修習這種定時，因為無法解脫苦而得自在，所以他學習運用自己的定力照耀在自身的痛苦上，如此他才能深入生命，以及增長智慧、悲心與解脫。

捨覺支——平等地關愛每一個人

第七覺支是捨（upeksha，放下或平等心）。捨，是真愛的一面[65]，絕對不是漠不關心。

修習捨心時，我們能平等地關愛每一個人。

佛陀在《鋸喻經》中（*Kakacupama Sutta*）說：「就算盜匪以鋸子截斷你的四肢，若瞋怒在你心中生起，你就未依循我的教法。要成為佛的弟子，你必須心無仇恨，口無惡言，永保慈悲心，毫無敵視或惡意。」㊅作為一個年輕比丘，我將這幾句話牢記在心，甚至為它們譜了曲。

這段教導觸動我們最崇高的願心，但卻與我們頑強的習氣相左。為了轉化這些習氣，實現至高無上的願心，佛陀與舍利弗尊者教導我們以下三點：㈠聽到惡語時，要修習捨心；㈡學會別生起惱怒、苦悶或沮喪的感覺；㈢獲得讚美時別得意洋洋，因為我們很清楚任何稱讚都不是針對我們個人，而是針對許多眾生，包括父母、師長、朋友與一切眾生。

在《象跡喻大經》㊆中，舍利弗教示以四界為對象的禪修法，藉此修習捨覺支。當我們以身體內外的地、水、火、風四界為對象而禪修時，就會看清自己與它們是完全相同的。一旦超越「我們有個獨立的自我」這個觀念時，便會了知我們與他人確實相同，此時我們的慈愛將會包含捨。

修習七覺支，即修習慈愛

這七種因素都是同一棵樹上的分枝。若念覺支得以發展、維持，擇法覺支也會成功地發展；喜覺支與輕安覺支都是由精進覺支所滋養的美好感受；定覺支產生智慧，一旦智慧現前，我們就能超越比較、分別、回應，而實現捨覺支。達到捨心境界的人臉上會略帶笑顏，那就證明其心中不僅有智慧，還有慈悲。

若精進修習七覺支，將可導致真正的智慧與解脫。佛陀曾說，若共同修習四無量心與七覺支，將可帶來圓滿的覺悟，因此修習七覺支，即是修習慈愛。

第十一章　緣起支

因與果相互依存

緣起（pratitya samutpada，萬物相互依存而生起）是深奧而絕妙的教法，也是一切佛教研究與修持的基礎。緣起有時也稱為「因果的教法」，但這種說法可能有誤導之嫌，因為我們通常認為「因」與「果」是各自獨立的事物，「因」出現於「果」之前，且一種「因」只產生一種「果」。然而，根據緣起的教說，因與果共同生起（即samutpada之意），而每件事物都是由許多因、緣（條件）所構成的結果。雞蛋在雞的體內，而雞又在雞蛋中，雞與蛋相互依存而生起，兩者都不是獨立的。緣起超越人們的時空概念，「一即一切」。

「因」一字的結構是一個長方形中間加上一個「大」字，「因」是「大」的，同時也是受限的。佛陀極為簡要地表達緣起：「此有故彼有；此無故彼無。此生故彼生；此滅故彼滅。」這幾句話在南、北傳經典中出現過數百次之多，可說是佛教的開端。在此，我想加上一句：「此是故彼是。」

經典中有如下的意象：「三葦立於空地，輾轉相依而得豎立。若去其一，二亦不立。」桌子要存在就需要木材、木匠、時間、技術與其他眾多成因，而且其中任何一種成因都要靠其他成因才能存在，例如木材需要森林、陽光與水等，木匠需要父母、早餐、新鮮空氣等，這些成因的任何一項也都需要其他的緣促成。

如果繼續如此觀察，我們將明白沒有任何一物被遺漏，是宇宙間萬事萬物的聚合才有我們眼前這張桌子。當我們深入地觀察陽光、樹葉、雲彩時，也同時能看見這張桌子，在一切中看到一，在一中看到一切。光是一個「因」永遠不足以產生一種「果」，而且任何「因」必然是其他「因」造成的「果」，而任何「果」也必然是另一件事物的「因」；因與果是相互依存的。第一因或唯一因的觀念，也就是認為某種事物本身無需任何「因」，這種看法是無法成立的。

二十四緣與四緣、六因

佛陀入滅後，佛教許多部派開始以更精細分析的方式來描述緣起。在上座部的《清淨道論》（*Visuddhimagga*）中，覺音（Buddhaghosa）論師列出二十四種「緣」（巴利語paccaya），即「某物生起之充分與必要條件」，包括：⑴因緣（根本因）；⑵所緣緣（對象）；⑶增上緣（支配）；⑷無間緣（優先）；⑸等無間緣；⑹俱生緣（同時發生）；⑺相互緣；⑻依止緣（支持）；

⑼親依止緣（決定性的支持）；⑽前生緣（發生於前）；⑾後生緣（因可能發生在果之後）；⑿重複緣；⒀業緣；⒁果報緣（異熟緣）；⒂食緣（滋養物）；⒃根緣（感官機能）；⒄禪緣；⒅道緣；⒆相應緣（聯合）；⒇不相應緣（分離）；(21)有緣（在場）；(22)無有緣（不在場）；(23)離去緣（消失）；(24)不離去緣（不消失）。

說一切有部則提出「四緣」（pratyaya）與「六因」之說，此說後來由屬於佛教心理學的唯識學派吸收。根據這樣的分析，每件事物的存在都必須具足以下四緣。

首先是「**因緣**」，又稱「種子緣」或「根緣」（hetu-pratyaya），正如種子是花朵存在的因緣。此「因緣」又可分為六種：

（一）**能作因**（karana-hetu，激發或創造的力量）——任何有為法都是除其本身之外其餘一切萬物的「普遍的因」。這是一種共起的因，它不會障礙一切可能生起的諸法，因為沒有任何一法會障礙其他將生起之法的生起。這種能助長或不限制其他法生起的緣，即是能作因。

（二）**俱有因**（sahabhu-hetu，同時發生的條件）——有時兩種「因緣」需要同時存在。例如我們若要畫一條「ＡＢ」線，那麼Ａ、Ｂ兩點都得同時存在，燈與燈光也是如此。一切兩兩相對的事物都是如此，其中之一不存在，另外一個也無法存在，如「上」、「下」或「有」、「無」的觀念必須同時存在。這些共同存在的法，彼此互為存在的條件。

（三）**同類因**（sabhaga-hetu，同類種子緣）——同類因產生同類果，例如稻生稻，種善因得善果；又如信與喜促使人能穩固地修習，而不善因必招致不善果。

（四）**相應因**（samprayukta-hetu，相關的條件）——在產生某物的過程中，善種與不善種彼此相依，這就稱為「關聯」或「相應」，它只適用於心法。例如有人因為以不正當的謀生方式賺錢而產生罪惡感，因此捐錢給教會；由於不義之財產生的罪惡感是不善種，而布施是善種，結果教會長老告訴他，與其說教會需要他的錢，不如說更希望他改變謀生之道。這話雖然傷害他的自尊，但卻能為他將來帶來更大的快樂，同時幫助他減輕罪惡。

（五）**遍行因**（sarvatraga-hetu，普遍的條件）——此因存在於一切處，它不但存在於我們自身的每一處，也遍及宇宙，例如地、水、火、風、空、識六大，即是遍行因的典型例子。

（六）**異熟因**（vipaka-hetu）——在我們藏識中，並非所有的種子都同時成熟。就如我們買香蕉回家，有些熟得快，有些則熟得慢，聽聞佛法也是如此，一場開示播下的種子有些立即成熟，有些則需要好幾年的時間才能成熟。同一類種子也可能成熟轉化變為不同種類之物，就如柳橙一開始是花，然後變成一顆綠色且帶有酸味的果實，經過一段熟成期而變為甜美的水果；愛的種子也可能成熟而變成瞋怒的種子。我們剛開始坐禪時，可能會覺得受拘束且躁動不安，但不久後，我們的禪修可能成熟，坐禪時就會變得相當令人放鬆且愉快。

說一切有部所說的四緣中，第二種緣稱為「**增上緣**」（adhipati-pratyaya，促使增長的條件）。這種緣能幫助或阻礙某些特定的種子成長，例如人人都有正信或信心的種子，倘若你的朋友能澆灌你內心的正信種子，它就會茁壯；但若是你只遇到順境，就無法了解這樣的種子有多麼珍貴。修行道上的障礙可助長我們的決心與悲心，讓我們知道自己的能力與弱點，如此我們才能更了解自己，看清自己真正想前進的方向。或許你也可以這麼說，佛陀所修的苦行是他在修道上的逆緣，但若他從未修苦行且嚐到失敗的滋味，就不會學到中道，日後也不會教導世人中道了。當你的意願很強時，逆緣不會讓你灰心喪志，在困頓之際，你反而會忠於自己的朋友，堅定自己的信念，且絕不放棄。

第三種緣是「**等無間緣**」（samanantara-pratyaya，持續的條件）。某些事物要存在，在時間上必須剎那相續。例如為了使我們的修行有所進展，就得每天不間斷地修行，包括行禪、聞法、於一切行為舉止中修習四念處、與同一個僧團共住與共修。若將一隻青蛙放在盤中，牠會立即跳走；若無持續穩定的修習，我們就會如同盤中那隻青蛙一樣跳走。當你決定留在一個地方直到修行能完全增長時，你可以說已達到「蛙跳習氣悉除」的境界，也已開始修習「等無間」了。

第四種緣是「**所緣緣**」（alambana-pratyaya，以對象為條件）。如果無所緣（客觀對象），就不可能有能緣（主體）；要讓自己具有信心，就得有個讓你產生信心的對象；覺得沮喪時，也必定有個會令人產生沮喪的對象；生氣時也一定會有個生氣的對象，不論是人或事。佛陀說，一切法皆是心的對象。當我們看見任何現象的意象或跡象時，就會知道所感知的對象存在於自己的意識中。

緣起支

我們能否調整生活方式，幫助自己看清存在於「果」中的「因」，也看見存在於「因」中的「果」呢？以此方式觀看時，我們便開始具備緣起的洞見——正見。早期佛教常提到「緣起」，後來的佛教則運用「互即」（相互依存）、「互入」（相互融攝）等語彙；用詞或有不同，但其涵意是一致的。

聽聞佛陀教授緣起後，阿難表示：「世尊！緣起之理看似深奧，但我認為頗為簡單。」佛陀對此回答：「阿難！別這麼說。緣起之理的確深奧，凡能見緣起本質者即能見佛。」⑱ 一旦你能澈見緣起的本質，智慧將成為你的前導，修行便不會有所錯失。

無常之教法內含於緣起教法中。若無眾多因緣之助，我們怎麼可能生活下去？讓我們能存活、能改變的諸多因緣，都來自我們本身以外的一切。所以理解無常、無我時，也就能理解緣起。

在以下這首偈頌中，龍樹指出緣起與空性的關聯：

因緣所生法，我說即是空，
亦為是假名，亦是中道義。⑲

一切佛法皆以緣起為基礎，任何教法若不符合緣起，就不是佛陀的教法。一旦你掌握了緣起，就能以這種智慧的光芒照亮佛法三藏（tripitaka）⑦⓪。緣起讓你親眼見到佛陀，二諦則讓你親耳聽聞佛陀說法⑦①，若你看得到、聽得見佛陀，在遨遊於佛法大海時，就不會迷失方向。

緣起十二支之說旨在解釋業與輪迴

如我們在諸經中所見，重複出現不下百來次的緣起十二支，是解釋緣起的方式之一，卻未必是最好的。

佛弟子多半認為，根據佛陀的教導，緣起之「鏈」中有十二支因緣（nidanas）⑦②。但是如果細究緣起十二支的解釋，我們會發現許多祖師的相關解釋方式，並未幫助我們超越歷史的向度，進入究竟的向度。善巧隨順的祕訣在於深觀，以便能夠逐漸放下有無、生死等想法，而無助於放下這些想法的教導，無法幫助我們進入概念世界之外的領域。

《迦旃延經》（*Katyayanagotra Sutra*）（《雜阿含經》第301經）「**此有故彼有**」這句經文，可以善巧地幫助我們通達空性。（此經相當於《相應部》的〈迦旃延經〉（*Kaccanagotta Sutta*，SN 12:15），梅村的課誦本譯為《中道經》）⑦③。雖然這段經文使用「有、無」，「彼、此」等字眼，仍然促使我們放下這些概念，而緣起十二支卻執著於這些概念。所謂十二支，意指無明、諸行、識、名／色（即心／身）、六入（即眼、耳、鼻、舌、身、意六根，以及與之相應的色、聲、香、味、觸、法六塵）、觸、受、愛、取、有（即「存在」）、生、老死。

緣起十二支的解說不屬於佛陀的甚深教法，也無法幫助我們觸及空性，在此我們必須運用「四依」中「依了義不依不了義」的方法。（參見第三部第二章）不了義未必有錯，只是有其他的功能和作用。佛經使用緣起十二支，是為了解釋業與輪迴，不是為了讓我們通達空性和究竟向度的領域。

三世說與二重因果論

祖師大德將緣起十二支劃分為過去、現在和未來三世：無明、諸行屬於過去世，識、名色、六入、觸、受、愛、取、有屬於現在世，生、老死屬於未來世。根據祖師的說法，我們宿世無明，造作諸行（「行」被解釋為「業」之意），因此今生有識、名色、六入、觸、受、愛、取、有；因為今生之「有」，所以來世必會出生、老化、死亡，而且必然繼續生死輪迴。無明和業行是過去的因，識、名色、六入、觸、受、愛、取、有是現在的果；現在的受、愛、取、有，則是未來生和老死之因。此即是二重因果論。

這是過去祖師和今天許多老師對於緣起十二支的解釋方式。根據這種解釋，依於無明而有諸行，依於諸行而有識，依於識而有名色，依於名色而有六入，依於六入而有觸，依於觸而有受，依於受而有愛，依於愛而有取，依於取而有有，依於有，我們必然再度經歷生死，繼續輪迴。

這是大多數越南和中國佛教徒對於緣起十二支的理解。但是這卻導致嚴重的誤解，以為由於愛、取存在，所以有存在，因為有存在，我們必須不斷生死輪迴。「有」(bhava)的相反是「無」(abhava)，我們讓「有」成為罪魁禍首，認為解脫道是「無」，並且必須為了體證「無」而修行。然而，佛陀明確教導弟子：有、無都是錯誤的見解。根據一般人的說法，想要避免生死輪迴，必須達到無的境界，因此佛教修行人以「斷滅」(annihilation)或「永死」(eternal death)為目標。

關於緣起，佛陀有時只提到四支、五支、六支或七支，似乎不需要十二支。根據《大毘婆沙論》(*Mahavibhashashastra*)卷二十四，佛陀深深了解眾生根性不同，因此以許多方式教導緣起，有時說一支，有時說二支、三支、四支，乃至十二支。所謂緣起四支，即無明、行、有(無)、生(死)。74

緣起十二支的描述和評註一向採取線性模式，被視為一條垂直的鎖鍊，於是每一支僅僅導致下一支的生起，這種模式讓人很難看出緣起諸支相互依存的特性。十二支的第二支「行」(samskara)向來被解釋為有意志的行動，然而佛教的「行」不代表行動，而是造作構成的產物，舉凡種種物理、生理、心理等現象，皆包括在內。在緣起十二支之中，人們勉強將「行」解釋為一時興起或衝動，這是因為他們想要表明意識來自於過去的行為，所以硬是賦予這個詞一個新的意義。但是緣起十二支並非佛陀為了證實生死輪迴的理論而說的教理。當我們說「行緣識」（行是識生起的條件）時，意指我們在無明中把諸行視為各自獨立分離的實體，彼此不相含容，這種看待事物的方式促成分別識，同時分別識也讓人將諸行視為各自獨立的實體。

根據緣起十二支的傳統解釋，「受」導致「愛」的生起（受緣愛）。然而這只是部分事實，因為只有樂受才會引起渴愛，而且也只有不修行和無智慧的人才會如此。如佛陀、阿羅漢，或是已開悟的在家居士之類的修行人，都知道樂受會導致苦，是有危險的，所以這些感受不會引起渴愛。

因此，這個連結僅僅呈現部分事實。如果是苦受，則會導致退避或厭離。所以如果想展現佛教真正的精神，我們就得說觸引起苦受與樂受，而受可能引起嗔恨、厭離，未必導致渴愛和執取。所謂「取」，意指執著、受縛或渴愛。渴愛的對象不僅止於「有」，也可能是「無」，不想活或自殺的人渴求的是「無」。

在《長部》第二十二經中，佛陀說有三種愛（tanha）：欲愛（kama-tanha）、有愛（bhava-tanha）、無有愛（vibhava-tanha）。我們修行的目的不僅是超越有，而是超越有、無，但是一般對於緣起十二支的解釋卻無法凸顯這一點。

在《迦旃延經》中，佛陀說所謂正見，即是超越有無之見。根據一般對於緣起十二支的解釋，卻只有逃脫「有」的渴求。這導致很大的誤解，以致人們常說佛教只想脫離「有」以達到「無」，還說佛教教導的是虛無主義與寂滅之道，佛教修行人的目標是虛無或永死。

十九世紀末二十世紀初，有些西方學者作此結論，認為所謂了生脫死，意指聖者一旦證得阿羅漢果則永不再生。造成這一大誤解的原因之一，是佛教徒自己對於佛法的誤傳。

因此，我們不應該說「取」導致「有」的生起（取緣有），而應該說執取導致有、無。根據《迦旃延經》，有、無是障蔽正見的兩個觀念。我們也不該說「有」導致「生」，而應該說「有無」導致「生死」，這才符合佛陀之教。我們腦中已經習慣「生是從無到有，死是從有到無」的想法。如果捨離有無的想法，則不再有生死的想法，這是以認知（cognitive）的觀點，而不是原因論（etiological）的觀點來看待。

緣起指出認知上的理解，而不是企圖解釋教條或理論。現今許多經典中可見的緣起十二支之說，是為了一般人理解生死輪迴現象而作的解釋。

佛陀為了幫助人們瞭解苦，並且找出苦因，所以時常以「老死」為開端而說緣起十二支，這和四聖諦的教理與實踐息息相關。然而，為了佐證為何有生死，佛世之後的法師往往從「無明」開始講授緣起教理，如此一來，雖然佛陀自始至終都說第一因了不可得，但是無明卻隱然成了第一因。其實，如果無明存在，那是因為有引起無明且讓無明加劇的原因存在。佛陀不是企圖解釋宇宙萬物的哲學家，而是想要幫助我們終結自身之苦的心靈導師。

當聽到論師說某些緣起支是「因」（即無明與行），而某些緣起支是「果」（即生與老死）時，我們知道這並不符合佛陀所說「一切皆是因，亦是果」的教法。認為無明引生行、行引生識、識引生名色，這種想法有過度簡化之虞。當佛陀說「無明緣行」時，他的意思是說無明與諸行之間有一種因果關係。無明滋養諸行，但諸行也滋養無明。這就如一棵樹長出樹葉並滋養樹葉，而樹葉也滋養樹；樹葉不僅是樹木的孩子，也是樹木的母親。每片樹葉都是一座工廠，進行光合作用，供給樹木養分，樹木因有樹葉才能生長。

緣起支相互依存

緣起支之間的相互依存關係，類似樹葉與樹木的相互依存。我們說無明是諸行生起所依賴的條件（無明緣行），但無明也是識生起的條件，無論是透過諸行而間接促成識（無明緣行，行緣識），或直接造成識生起（無明緣識）。此外，無明也是名色生起的條件（無明緣名色），若名色中沒有無明，就會大為不同。我們的六根與六塵中也都包含無明，例如我對花的「想」，是以眼睛與花的形狀為基礎，一旦我的「想」落入「花」這個相的束縛中，無明就產生了。因此，在觸中有無明，受、愛、取、有、生、老死之中也有無明。無明不僅存在於過去，也存在於現在，在我們的每個細胞、每個心所中。若沒有無明，我們不會執著事物，也不會執取我們執著的對象，正在眼前的苦也不會存在。修行，就是在無明現行時加以辨識。取也存在於行、受、有、生、老死之中，在其餘所有緣起支中，我們都可看到自己的迷戀、避此趨彼與意願等。十二緣起中的每一支都依賴其餘各支而生起，也是其餘各支賴以生起的條件。

有了這種智慧，我們便可拋開緣起是因果相續連鎖的觀念，而更深入地修習緣起，進而幫助我們觸及究竟的向度。所以，並不是識存在於名色之前，而是識與名色相互依存。同樣地，六入是名色的一部分，而不僅是名色造成的結果。

再者，伴隨感受而生的心行，不是只有貪愛而已，有時與感受並存的不是貪愛，而是厭惡。有時某種感受中並未伴隨無明，卻伴隨智慧、清醒或慈愛，它所導致的結果就不會是貪愛或厭惡了。因此，「受生貪愛」這種說法是不夠精確的，帶有取、無明的感受才會引生貪愛。在所有關於緣起諸支的描述中，無論是四支、五支、九支、十支或十二支，我們都必須將其中任何一支與其餘諸支相連結，這正是《心經》所謂「無緣起」的涵意。[75] 緣起諸支皆是「空」，因為任何一支若無其餘各支就無法存在，例如沒有貪愛、取、有、生、老死、無明、行等，受就不會出現。

根據十二支而談論緣起的方式，不足以幫助人們瞭解真正的正見。真正的正見超越有無、生死、常斷、來去等等，是直達涅槃的八聖道基礎。正見不只是相信善惡業行必有果報而已，對修行人來說，正見是至高無上的洞見，能洞悉不生不滅、不垢不淨、不一不異、不來不去、非有非無，也能洞悉緣起，終結一切極端見解、分別和分歧，而極端見解、分別和分歧正是恐懼、憎惡、絕望、貪愛等一切煩惱的根源。若無正見，其實不可能有正思惟、正業，以及八聖道的其他分支。

一般常見的十二緣起教義解說，不僅無助於達到上述的洞見，反而引致有害的誤解，讓我們誤以為修行的目的是永死。長久以來，持有這種錯誤見解者，大有人在，包括佛陀的出家弟子焰摩迦比丘（Yamaka）。十二緣起說也被植入許多原本不該出現此說的經典，試舉數例如下：《迦旃延經》（*Katyayanagotra Sutra*，《雜阿含》第301經）、《空相應善巧隨順經》（*Skillful Adaptation Connecting to Emptiness*，《雜阿含》第293經）、《大空經》（*Teaching on Great Emptiness*，《雜阿含》第297經）、《諸法緣起經》（*Interdependent Co-Arising of Phenomena*，《雜阿含》第296經），以及《第一義空經》（*Absolute Truth of Emptiness*，《雜阿含》第335經）。

這些經典旨在提出勝義諦，在其中植入十二緣起說卻造成扞格，因為如果將十二緣起理解為普通的直線式進展，就無法幫助我們通達空性、涅槃和正見。《空相應善巧隨順經》專門探討依緣起而通達空性，sunyata-prati-samyukta- pratityasamutpada-anulomata 這個定型句，意即「善巧隨順緣起可引導我們通達空性」。如果緣起諸支是為了要幫助我們通達空性，就必須根據佛法的甚深義來理解它們，而不是將它們視為對於生死輪迴的一種解釋。

重整緣起諸支

鑒於以上所述，我們可以提出有助於通達空性的緣起十支之說，此十支包括：

（一）無明
（二）諸行
（三）識
（四）名色
（五）苦、樂受
（六）愛、憎
（七）取、棄
（八）有、無
（九）生、死
（十）輪迴

顯而易見，此一緣起諸支的概要不包含「六入」和「觸」，這是因為已經將這兩支理解為「諸行」、「識」和「名色」的一部分。此外，既然「生」與「死」在概念上如此相近，可以歸併為一支，並且另立纏縛的「輪迴」為第十支。

我們可以如此解釋緣起十支：當無明現前時，人們（以彼此分隔獨立的實體的角度）見諸行；因為見此諸行，即以識為主體（與其客體分離）；又見名、色分離，而有基於名色而生的樂受、苦受，以及不苦不樂受；以這些感受為緣，而生貪愛（以樂受為緣）和憎惡（以苦受為緣）；隨之生起的是執取或拒斥的欲望；接著產生對有、無之念的執著，結果使得我們不斷受困於生死之念，不得出離，總在輪迴中往返，週而復始，無法證得涅槃。嚴格說來，識與名色這兩支可有可無，因為諸行包括五蘊，而五蘊具備色身與識的各種層面，不過在某些情況下，納入這兩支可以讓理路更清晰。

我們研究緣起，是為了降低自己無明的成分，提升明智。無明減少，則貪愛、嗔恨、傲慢、懷疑和種種見解也會減少，而慈愛、悲心、喜悅和捨心則會增加。換句話說，轉化無明，可導致緣起之「鏈」中其他一切諸支的轉變，也可以說任何一支的轉化必然帶來其餘諸支的轉變。如果我們能夠守護六根，練習正念觀照種種感受和知覺，就可以轉變輪迴的其他部分，包括無明在內。

由此可見，緣起諸支也有正向積極的一面，儘管自佛世以來，傳授佛法的老師似乎忽略了這一點。我們必須尋求適當的措詞，來描述身心正面狀態的緣起，而不光是著墨於負面狀態。佛陀教導我們，當無明止息時，就有透澈的智慧，他並沒有說無明終止時就會一無所有。

有兩種緣起，一種是依於妄心的緣起，另一種是依於真心的緣起。以妄心為基礎的種種因緣構成的循環，造就了世界、社會和個人。一個以妄心為基礎的世界，自然會有苦與煩惱；然而，當種種因緣以真心為基礎時，就會反映出實相的妙性。一切都取決於我們自己的心。

教導緣起諸支的人在協助人們通達涅槃時，必須了解這些分支正向積極的一面，以及它們擔負的作用。有鑑於此，我們學會認清：有促使我們通達輪迴的因緣循環相續，同樣地，也有幫助我們通達涅槃的因緣循環。

「無明」(avidya)，意指缺乏光明，與妄心相應；「明」(vidya)，意即明瞭或智慧，則與真心相應。光明出現，就代表黑暗不存在；無明存在，則意味欠缺智慧。佛陀曾說：「無明盡而智慧生。」㊆以無明為緣，依於妄心的其餘諸支生起，同樣地，以智慧為緣，依於真心的緣起諸支也隨之出現。

第二支「諸行」，是我們感知的對象。就妄心而言，諸行是各自獨立的實體；當智慧現前時，則照見諸行(亦即有為法)沒有各自獨立的本質，而是彼此依待而存在。父與子相依待而存在：如果沒有兒子，不可能有父親；如果沒有父親，也不可能有兒子。將萬物視為各自獨立的實體，只會加深我們的無明，因此，不僅諸行以無明為緣而生起，無明也以諸行為緣而生起；將萬物視為彼此相依相攝，則會增強我們的智慧。第三支「識」也是一種「行」，相當重要，因此我們可以將它列為緣起的一支。妄心中的識，稱為分別識，因為它的作用是分辨能知的主體，以及所知的對象，使得客觀的世界看來似乎與觀察者分隔開來。

當佛陀看著一朵花時，他知道那朵花是自己的心識——這是「識」作為正向的緣起循環中的一支時呈現的狀態。「識」本身沒有問題，不過一旦體悟了一切諸行皆彼此依存，我們終會了解：沒有獨立於心識之外的世界，也沒有獨立於世界之外的心識。心識的主體與對象無隔無別，能理解這一點端賴不二的智慧。

識是分別、籌畫、援助及行善的根基，這種識也存在於諸佛菩薩的心中。佛陀曾說：「吠舍離城（Vaishali）真是美啊！」他對阿難說：「你不覺得這片稻田景色宜人嗎？我們是否該進城與人們分享佛法了呢？」這幾句話發自於清明的識，發自於充滿智慧、關懷與慈愛的識。

在唯識宗的架構中，以八識的角度來描述識，而八識經過轉化可成為四智。當藏識中覺醒、慈悲的種子經過培育而成熟時，藏識（alayavijñana）即轉變為能映現宇宙實相的「大圓鏡智」。一切能轉變為大圓鏡智的種子本來就在藏識中，我們只需加以澆灌即可。藉由觀無常、無我與相互依存，修習通達萬法的真實本性，結果自然產生大圓鏡智。

我們必須學會以「識」作為轉化工具的運用方法。我們的六根，也就是眼、耳、鼻、舌、身、意，都能促使大圓鏡智生起。我們知道佛陀也有六根，它們也與六塵相接觸，可是他知道如何守護六根，以避免內心產生結使。佛陀善巧運用自己的六根，成就妙法；前五識變為「成所作智」，我們可運用這五識為他人服務；一旦解脫之後，第六意識就變為「妙觀察智」，即能如實觀察萬物的智慧。「平等性智」來自於第七意識——末那識（manas）。末那識是頭號的分別者，它會說：「這是我。」「這是我的。」「這不是我的。」這是末那識的特點。我們必須保有這個識，它才能轉變為平等性智。我們的識應得到轉化，而非捨棄。妙觀察智將末那識轉變為平等性智，我們都是一體的，彼此平等。我或許認為你是我的敵人，但當我觸及究竟向度時，卻看到你我原是一體。有時只需接觸大地一次，平等性智就會在我們的末那識顯現。妙觀察智取代第六意識。在無明消失之前，第六意識造成許多錯誤的「想」，例如將繩子誤認為蛇，因而造成許多痛苦。幸虧有「轉依」，即藏識轉變為大圓鏡智，第六意識才能轉變為妙觀察智。

第四種智——大圓鏡智，為我們的生活創造奇蹟。過去眼識使我們躁動，或讓我們置身於黑暗中，如今我們眼界已開，能將法身或自然界視為佛陀說法之身。當我們的心如止水般清澈時，第六意識即是妙觀察智，藏識則為大圓鏡智。

在我們提出的緣起十支架構中，第四支是「名／色」。名／色（nama-rupa，心／身）即是五蘊。我們不說：「五蘊是苦。」而棄之如敝屣。如果我們這麼做，終將一無所有——沒有涅槃，沒有安樂，也沒有喜悅。要處理垃圾，我們需要明智之策。

我們擁有色身和心智。在妄心的體驗中，身心是一種二元對立，身心變成分離的狀態。坐在電腦前的我們，常常忘了自己擁有一副色身。有了智慧，我們可以有身心合一的體驗，不需要為了達到涅槃而捨棄身體，也不應該把自己的色身視為心識的牢籠或障礙。修行，是為了體悟具身之心（an embodied mind）與具心之身（a mindful body）。在這樣的身心之中，不再有無明，不再有各自獨立分隔的諸行，也不再有分別識。「名／色」的作用在於讓眾生覺悟和解脫。

我們提出架構中的第五支是「樂受」、「苦受」，以及「不苦不樂受」（「受」也是五蘊之一）。修習正念時，我們學會如何處理自己的感受，換句話說，我們辨識苦受，欣然接納，加以轉化，並且培養內在真正的快樂，同時使自己脫離不苦不樂受的掌控。因此，正念觀照諸受是「受」這個緣起支正向積極的一面，任何感官的接觸和感受都是清明安定的。

六種感官觸及它們的對境時，這種根塵相觸會引起苦、樂或不苦不樂等感受。當菩薩看見孩童受苦時，他很清楚那受苦的感覺，自己也會產生苦受，但正因為經歷這種苦，於是菩薩心中生起關懷與悲憫，並決心採取行動。菩薩一如我們每個人，他也會受苦，但他心中的感受不會導致貪愛或厭惡。

看見一朵美麗的花時，菩薩知道這朵花是美麗的，但也同時看見其中無常的本質，這就是他為何沒有執著（取）的原因。菩薩有樂受，但這樂受卻不會產生結使。所謂解脫，並不表示要壓抑一切感受，當菩薩接觸熱水時，他知道那是熱的。有感受是正常的，其實種種感受都讓菩薩安住於快樂中，那不是容易變為痛苦、焦慮的快樂，而是能具有滋養作用的快樂。當你修習呼吸、微笑、體驗自己和空氣與水的接觸時，那種快樂不會在你心中造成痛苦，且能幫助你變得強壯、明智，能繼續朝證悟的道路上前進。諸佛菩薩與其他許多人都擁有享受快樂感受的能力，這種樂受具有使人復原、重振活力的功能，而不會產生執著。目睹人們受壓迫或挨餓時所生的感受，能讓人產生關懷、悲憫，以及以捨心採取行動而不執著的願望。

在妄心的緣起循環中，第六支是「愛、憎」，而在真心的緣起循環中，則是四無量心。⑰當受與觸被保護時，不會導致愛憎，而會引生慈、悲、喜、捨四無量心。看見人們受苦或身受痛楚，或正愚癡地享樂時，我們心中會有某種感受引發慈心的力量，即給予他人真正喜悅的欲望與能力。而慈心又引生悲心的力量，即幫助眾生終止苦難的欲望與能力。悲心之力讓我們心中生起喜悅，也能與他人分享自己的喜悅。喜心也引生捨心，即不選定任何立場，或不被觸與受所引起的影像、聲音捲走。捨並不表示漠不關心，而是對自己所愛之人與憎惡之人一視同仁，並盡全力讓他們過得快樂；我們既不執著也不嫌惡，平等地接受鮮花與垃圾，對兩者同等尊重。捨，意味放下，而非放棄；放棄會造成痛苦，不執著才能放下。

妄心循環中的第七支是「取、棄」，而在真心的循環中，則是解脫自在。四無量心是解脫自在的基礎。以慈心接觸萬物時，我們不逃避、不追求，這就是解脫的基礎，「無願」取代了執著（取）。

妄心循環中的第八支是「有、無」，而真心循環中，則是正見，也就是克服「有、無」之觀念的洞見。

佛陀初轉法輪時，告誡弟子別執著於「有」（bhava，存在）與「無」（vibhava，不存在），因這兩者都是內心所建構的產物，而實相介於兩者之間。根據十二緣起的線性解釋方式，若說「無取」時，就意味著「無有」，這表示我們渴求「無」，但實際上這不是佛陀所希望的結果。若說修行的目的是為了消滅「有」以達到「無」，這是完全錯誤的。一旦執取轉化為解脫自在，在我們眼中「有」、「無」都是心的產物，我們乘著生死的浪濤，卻不掛懷生死。若我們必須以再生來延續救助眾生的工作，那也無妨。

妄心之中的第九支是「生、死」，而真心之中是無生亦無死。

樹葉有生、死的現象，但它不為生、死所束縛，它墜落地面而無死亡的想法，它在樹根附近腐化，成為整棵樹的養分，因而再生。雲顯現消亡之象，但如果我們留心觀照，即可看出雲從未消亡，只是化為雨雪。當一片樹葉長出來時，我們可以歡唱「生命延續快樂頌」。當我們擁有覺醒的智慧時，就會看到生是一種延續，死也是一種延續；生是一種現象，死也是一種現象；不僅樹葉、雲朵，人也同樣顯現生、老、死的現象。

我們知道無生者，也無死者，我們擁有無生亦無死的智慧；我們知道有生、老、死，也知道這些現象都不過是菩薩所乘的浪濤。若知生、死只是心中的概念，那麼生、死皆無礙。實相超越了生死。

妄心之中的第十支是「輪迴」，而真心之中是涅槃。

十一世紀，有位越南禪僧請教他的師父：「何處能超越生死？」師父回答：「超越生死之處，即在生死之中。」若為了尋求涅槃而拋棄生死，則永遠找不到涅槃。涅槃即生死，就取決於你如何看待：從某種角度看，它是生死；從另一種角度看，它則是涅槃。

當我們得以解脫自在時，原本看似痛苦之事也變成「妙有」，也可稱為天國或涅槃。已解脫的人有能力創造淨土，那是一個讓眾人無須奔波之地。「妙有」超越有無，若菩薩有必要現身，有必要誕生於這個世界中，他就會降生在這個世間，雖然仍有生命，但他不會受到有、無、生、死等觀念所束縛。

請別讓佛法看起來像企圖逃避生命而進入虛無的理論。菩薩誓願一再地重回世間度眾生，那不是出自貪愛，而是因為關心與想要救助眾生的願望。

想想看，若有一千人心中都充滿錯誤的感知、邪見、羨慕、嫉妒與瞋怒，這些人聚在一起，就會製造出人間地獄，他們的生活環境、日常生活、人際關係都會像地獄般可怕。兩個滿懷誤解的人住在一起，就為彼此製造出一處地獄，一千人所共造的地獄該有多麼廣大啊！

要讓地獄變成天堂，我們只需要改變它的基礎——心。想改變一千個人的心，也許得自外界引進某些因素，例如法師或修習佛法的團體。想像有一千個人心中沒有錯誤的感知、瞋怒或嫉妒，而有慈愛、智慧與快樂，這些人共聚而形成的社區就是天堂，他們的心就是天堂的基礎。一個人有妄心，就會為自己打造地獄；若有真心，就能創建天堂。兩個人以真心共處，就會為彼此創造出一方小小的天堂，若有第三個人想加入，他們應謹慎考慮：「我們該讓他加入嗎？」若兩人的天堂夠穩固，可答應第三個人加入，在兩顆真心存在的情況下，便有希望使一顆妄心逐漸轉化，一段時間後，將會有三顆真心，而這個小小天堂也將繼續擴展。

有關妄心所生的十二緣起的著作早已卷帙浩繁，我們必須開啟一扇新門，教導修習真心所生的十二緣起，才能創造和平、喜悅的世界。

從正向積極的觀點來看，可以有如下解釋：當智慧現前時，人們看見諸行相互依存的本質，也因此體悟作為主體的識與其對象並非各自獨立分離；他們也認清身心是實相的一體兩面，並且知道如何處理痛苦的感受，滋養真正快樂的感受；接著由此產生悲心、包容心，以及轉化與協助現況或個人的願望。這種如實安住於現況，且洞察萬物相互依存本質的能力，代表這些人已經自在解脫「有」、「無」的觀念，也解脫依賴有無觀念而成立的「生」、「死」觀念，能夠從根本轉化自身之苦，體證涅槃。

根據《自說經》（*Udana*, 8.3）所載，佛陀曾說：「諸比丘！有不生、無有、非造作所成、非有為之法，此即已生、存有、造作所成、有為法的出離之道。」我們可以依此成立緣起五支如下：

（一）無明

（二）生死（已生者）

（三）有無（存有者）

（四）作者與受業者（造作所成者）

（五）有為與無為（有為者）

從正向積極的觀點來看，智慧引領我們超脫生死，超脫有無之念；擁有身心、造作諸業且承受業果的獨立自我，不復存在，也沒有存在於彼此之外的諸行；在因緣制約的世界之外，並沒有另一個緣生的有為世界，我們一旦深觀有為法，即可通達無為法。簡而言之，有許多描述緣起的方式可以幫助我們通達正見，其中尤以非直線性的呈現方式最好，可以顯示每一緣起支如何同時與其他一切分支相連結。沒有任何一支能夠存在於其餘諸支之前，舉例來說：

【圖六】 依於妄心之緣起十支相互依存

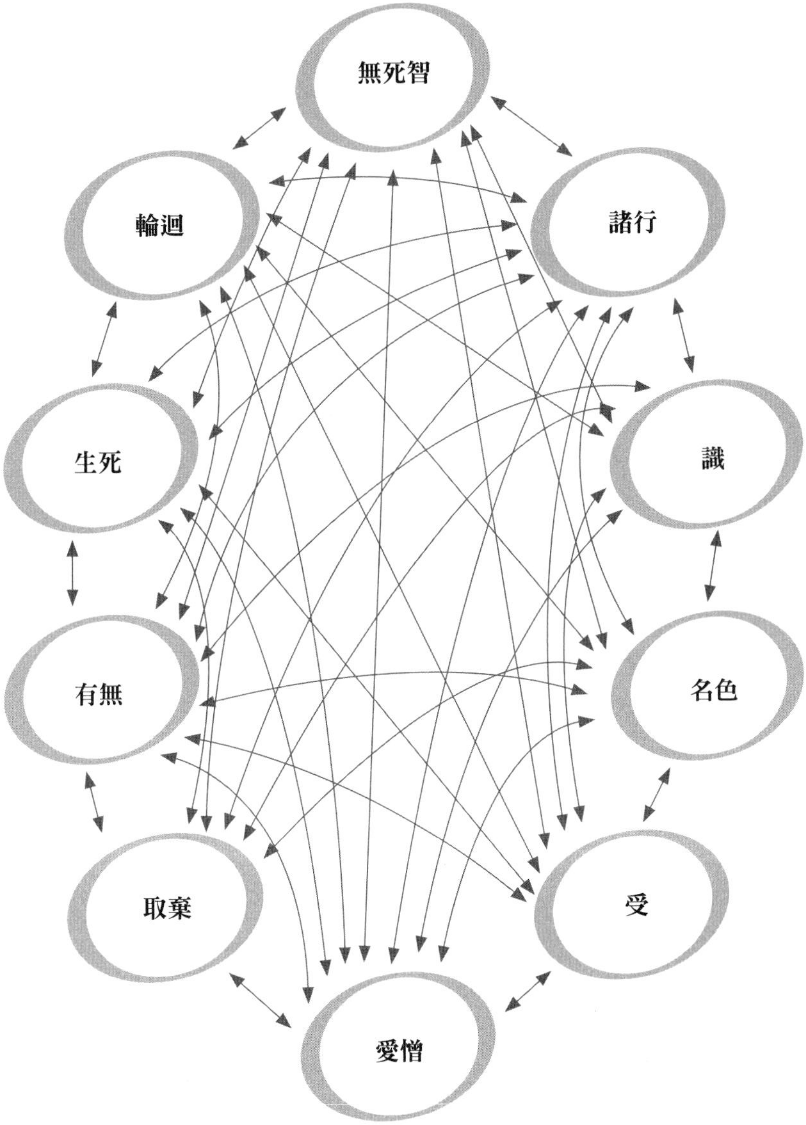

【圖七】 緣起十支：緣起之兩面

依於妄心時	依於真心時
⑴ 無明（avidya）	明慧（vidya）
⑵ 諸行（samskara）	諸法相互依存性
⑶ 識（vijñana）	能知所知一如
⑷ 名色（nama rupa）	身心一如
⑸ 受	正念觀受
⑹ 愛、憎	四無量心
⑺ 取、棄	解脫自在（apranihita，無願）
⑻ 有、無	非有非無
⑼ 生、死	無生無死
⑽ 輪迴	涅槃

上述緣起十支或五支最大的優點，是「有」、「無」列為同一支，「生」、「死」也合併為一支，這是因為只要生起「有」的念頭，必然會有「無」的念頭，而且當佛陀說「有」之時，總是連帶意指「無」，例如佛陀在《迦旃延經》中說，正見是超越有無的見解。如果我們沒有釐清這一點，人們會繼續認為「有」是讓我們遭受生、老、死的罪魁禍首。有、無都是我們頭腦中的觀念，並非客觀現實，生、死也同樣是觀念，不是實相。要超越這些觀念，才能體證涅槃。

第十二章

接觸心中的佛陀

修行是去理解別人，並付出愛

一九六八年，我和一位柬埔寨佛教領袖摩訶果裟難陀（Samdech Maha Ghosananda）以及我的學生、朋友兼工作夥伴真空比丘尼，一同在印度。有好幾天時間，我們一起坐在靈鷲山頂直到夕陽西下，當時我了解佛陀昔日也以同樣的眼觀看這同樣的落日。然後，我們在靜默中，正念地緩緩走下山。從那時起，我一直持續地以同樣的方式走路。

靈鷲山很美，歐洲、亞洲、非洲、澳洲、南美洲與北美洲也很美。山間霧氣瀰漫時很美，雲霧散盡時也很美；一年四季都美；你很美，你的朋友也一樣美，世界上沒有什麼能阻擋你接觸當下的生命。問題是，你是否有一雙看得見落日的眼睛，以及一雙碰觸大地的腳？假設佛陀將他的雙眼傳給你，你知道如何運用這對佛眼嗎？切莫認為只有在周遭環境的因緣圓滿具足時才有可能快樂，其實快樂在你自己心中，只要花幾秒鐘修習正念的呼吸，你立刻就會快樂。孔子也說：「學而時習之，不亦樂乎？」

有時，我們覺得自己好像背負著古往今來一切社會的不公，即將溺斃於苦海之中。佛陀曾說：

當智者受苦時會自問：「我該怎麼做，才能解脫此苦？誰能幫助我？到目前為止我做了什麼，好讓自己解脫此苦？」然而，愚人受苦時會自問：「是誰傷害了我？我要如何昭告世人我是受害者？我要如何懲罰讓我受苦的人？」

為何別人也有同樣的遭遇，卻似乎不如我們這麼痛苦？也許你願意抄下智者所問的問題，每當深陷痛苦時，就拿出來讀一讀。

當然，你有權利痛苦，但身為一個修行者，你沒有權利不修行。我們都需要獲得理解與關愛，但修行不只是期望如此，而是要去理解別人並付出愛。當你覺得似乎無人愛你或理解你時，請別抱怨，要更加努力付出理解與慈愛。倘若有人曾經背叛你，要找出原因何在，如果你覺得責任都在別人身上，你得更深入地觀察，或許你曾經澆灌對方內心的背叛種子，也可能是你的生活方式促使對方抽身而退。我們都得擔負一部份責任，所以若你緊抱著責備的態度不放，情況只會變得更糟。

倘若你能學習如何灌溉對方心中的忠誠種子，它可能會成長而再度開花。深入地觀察自己所受之苦的本質，知道什麼該做或不該做，以恢復彼此原有的關係。運用念、定與慧，你將了解是什麼在滋養著自己與對方。修習第一聖諦，辨識自己的苦；修習第二聖諦，看清苦的根源；修習第三、第四聖諦，找出轉化苦與證得寂靜之道。四聖諦與八聖道都不是理論，而是行動方式。

我們因尋找生命的意義而開始修行；我們知道自己不想追求名利或感官欲樂，因此學習正念生活的藝術。隨著時間過去，我們慢慢增長某種程度的智慧與慈悲，也發現可運用這些力量來減輕自己與他人的苦，這就讓我們的生命具有了某些意義。

我們繼續修習，深入地觀察構成自我的五蘊[77]，進而觸及自己與萬物內在不生不滅的實相。這種體會讓我們獲得最大的解脫，除去自己心中所有的恐懼，享有真正的自在，並為我們的生命賦予了真正的意義。

共創安詳、和諧的環境

我們需要有個地方，讓自己能安靜地坐禪、呼吸，並能深入地觀察與傾聽。當我們在家中遇到困難時，就需要這樣的一個房間作為庇護所，或需要公園與其他安靜之處，可單獨或與他人一起行禪。無論是教育工作者、建築師、藝術家、議員或商人，我們大家必須共同打造出一些可以修習安詳、和諧、喜悅與深觀的場所。

我們的校園中有太多暴力，家長、老師、學生需要通力合作來轉化校園暴力。學校不只是傳授專門技能的場所，還必須是孩童學習快樂、慈愛與智慧的地方，這需要老師以自身的洞見與快樂來幫助學生成長。醫院中也要有空間，可以讓病患、病患家屬、醫療人員與其他人在其中靜坐、呼吸，讓自己平靜下來。我們需要有專責人員的市政府，深入探察地方問題，還需要有能真正陳述實際問題的國會。如果你是教育家、家長、老師、建築師、醫療人員、政治家或作家，請協助我們建立能促進共同覺醒的機構吧！

國會議員必須知道如何使自己平靜，以便能與他人溝通良好。他們必須知道如何深入地傾聽與觀察，並以愛語交談。如果我們選出不快樂的候選人，他們尚且無能力讓家人快樂，我們又怎能期待他們能為城市或國家帶來快樂？別只憑候選人的外貌或悅耳的聲音，就把選票投給他（她）；我們正在把整個城市、國家的命運與自己的生命交付給這種人。我們必須負起責任，必須建立能夠深入觀察、分享與真正和諧的團體，也必須共同作出最佳的決策。我們需要內在的安詳與外在的和平。

佛心就在每個人心中

佛心就在我們每個人心中，當我們保持正念時，佛陀就在其中。我認識一個四歲大的男孩，每當他心煩意亂時，就停下手邊的事，正念地呼吸，然後告訴爸媽：「我正在接觸自己心中的佛。」我們每天需要透過正念地呼吸、正念地行走，以及正念地處理生活一切大小事務，來澆灌自己心中的有益種子，並好好地照顧它們。我們需要接觸自己心中的佛，進入自己內心，也就是進入佛心。進入佛心意味著要為自己、自己的苦樂與其他眾人而活在當下；進入佛心也意味著觸及不生不滅的世界，那個水與波浪一體的世界。

修行之初，我們隨身帶著自己的苦與習氣，那不只是此生二、三十年來的習氣，而是所有祖先傳下來的習氣。透過修習正念的生活，我們養成新習慣，走路時，清楚自己正在走路；站立時，清楚自己正在站立；坐下時，清楚自己正坐著。以這種方式修習，我們就慢慢革除舊習，養成深入而快樂地安住於當下的新習慣。心中有正念，就能露出微笑，證明自己已經轉變。

我們的殊勝共聚就已觸及佛心。請以個人、家庭、城市、國家或全球社群為單位而修習，好好地照顧身邊每個人的快樂，享受自己的呼吸、微笑，以及正念之光所照耀的手邊任何一項工作。請深入地觀察、接觸，藉此從根本上轉變自己的身心。佛陀關於轉變與治療的教導非常深奧，但這些教導並非理論，而是天天都可以身體力行地修習。請修習、體證它們，我有信心，你一定可以辦得到。

第四部

經典

《轉法輪經》

如是我聞。有次世尊住於波羅奈國（Varanasi）附近的仙人住處（Isipatana）鹿野苑中。那時世尊對五比丘說：

諸比丘！世上有兩種極端比丘應當避免。是哪兩種極端呢？

第一種極端是沉迷於由欲貪所生的欲樂，這種沉迷既下劣、卑賤、凡夫之所行、非聖賢，且毫無益處。第二種是沉迷於嚴苛的苦行——這種沉迷既下劣、卑賤、凡夫之所行、非聖賢，且毫無益處。如來不遵循這兩種極端而證得中道，它引生見與知。此見與知是寂靜、證智、等覺與涅槃之基。

諸比丘！什麼是如來所證的中道，能生見與知，而為寂靜、證智、等覺與涅槃之基呢？

此中道即八聖道，包括正見、正思惟、正語、正業、正命、正精進、正念與正定。諸比丘！這是如來所證的中道，能生見與知，而為寂靜、證智、等覺與涅槃之基。

諸比丘！此是苦聖諦：生是苦，老是苦，病是苦，死是苦，愁、悲、苦惱是苦，遇憎惡者是苦，與所愛者別離是苦，所求不得是苦。總之，執取五蘊為「我」即是苦。

諸比丘！此是苦集聖諦：苦的原因是貪於再生、樂於再生、隨處執著於樂，即欲愛、有愛、無有愛。❶

諸比丘！此是苦滅聖諦：完全無餘地棄捨渴愛，它是捨離、放下、解脫、除滅貪愛。

諸比丘！此是苦滅道聖諦：即八聖道——正見、正思惟、正語、正業、正命、正精進、正念與正定。

諸比丘！當我證得「此是苦聖諦」時，對此未曾聽聞之事，心中生起見、知、觀、智慧與光明。當我證得「應知苦聖諦」時，對此未曾聽聞之事，心中生起見、知、觀、智慧與光明。當我證得「已知苦聖諦」時，對此未曾聽聞之事，心中生起見、知、觀、智慧與光明。

當我證得「此是苦集聖諦」時，對此未曾聽聞之事，心中生起見、知、觀、智慧與光明。當我證得「應斷苦因」時，對此未曾聽聞之事，心中生起見、知、觀、智慧與光明。當我證得「已斷苦因」時，對此未曾聽聞之事，心中生起見、知、觀、智慧與光明。

當我證得「此是苦滅聖諦」時，對此未曾聽聞之事，心中生起見、知、觀、智慧與光明。當我證得「應證苦滅」時，對此未曾聽聞之事，心中生起見、知、觀、智慧與光明。當我證得「已證苦滅」時，對此未曾聽聞之事，心中生起見、知、觀、智慧與光明。

當我證得「此是苦滅道聖諦」時，對此未曾聽聞之事，心中生起見、知、觀、智慧與光明。當我證得「應修習滅苦之道」時，對此未曾聽聞之事，心中生起見、知、觀、智慧與光明。當我證得「已修習滅苦之道」時，對此未曾聽聞之事，心中生起見、知、觀、智慧與光明。

只要我尚未證得四聖諦三轉十二行相的如實知見，在天、魔、梵天、沙門、婆羅門與人的世界中，我就不能宣稱有人已證得無上的正覺。諸比丘！只要證得四聖諦三轉十二行相的如實知見，在天、魔、梵天、沙門、婆羅門與人的世界中，我就可以宣稱有人已證得無上的正覺，已生起見與知，我心解脫無可動搖，這是我的最後一生，不復再生。

世尊如是說法後，五比丘滿心歡喜。一聽聞四聖諦，五比丘中的憍陳如（Kondañña）就對此教法生起清淨無垢的法眼，他證得以「生」為本質的一切諸法，皆有「滅」的本質。

世尊如此轉動法輪後，眾地神❷皆稱頌：

在波羅奈國附近的仙人住處鹿野苑中，無上的法輪已經啟動，任何世界中的沙門、婆羅門、天、魔、梵天或任何人，都無法阻止此法輪的轉動。

聽到地神的讚嘆，四大天王❸也稱頌：

在波羅奈國附近的仙人住處鹿野苑中，無上的法輪已經啟動，任何世界中的沙門、婆羅門、天、魔、梵天或任何人，都無法阻止此法輪的轉動。

聽到四大天王的讚嘆，三十三天❹、夜摩天❺、兜率天❻、化樂天❼、他化自在天❽，以及隨侍梵天之諸神也稱頌：

在波羅奈國附近的仙人住處鹿野苑中，無上的法輪已經啟動，任何世界中的沙門、婆羅門、天、魔、梵天或任何人，都無法阻止此法輪的轉動。

在那一時、那一刻、那一剎那間，此讚嘆上達梵天界，十千世界為之震動，此世界遍發無量廣大的光明，其光明勝過諸天人的身光。

世尊因而讚嘆說：「憍陳如的確已了知法了！憍陳如的確已了知法了！」於是憍陳如得名「阿若憍陳如」（Aññāta Kondañña），意即「了知者憍陳如」。

《相應部》，第五冊，頁420，巴利聖典協會版（*Samyutta Nikaya* V, 420）

《大四十經》

如是我聞。有次世尊住於舍衛城（Savatthi）附近祇陀林（Anathapindikarama）中的給孤獨園（Jetavana）。當時世尊招呼諸比丘：「諸比丘！」

諸比丘恭敬地回應：「世尊！」

世尊說：「諸比丘！我將教導聖正定，告訴你們聖正定之因及其助伴支分（因素）。當我講述時，請全神貫注，仔細傾聽。」

眾比丘恭敬地回應：「是，世尊！」

世尊說：

諸比丘！什麼是莊嚴正定之因與助伴因素？即正見、正思惟、正語、正業、正命、正精進、正念。當心一境性伴隨這七種支分時，這就稱為因與助伴支分具足所莊嚴的聖正定。

在以下的範例中，首先出現的是正見。為何正見首先出現？當邪見生起並了知它是邪見時，這就是正見；當正見生起並了知它是正見，這也是正見。什麼是邪見？即認為布施、供養、法會供養是無益的；認為善、惡之行不會有果報；認為此世界不存在，其他世界也不存在；認為眾生不從父母所生，也不從自然化生；認為沒有沙門或婆羅門已圓滿聖道，或行於正道，或已親證殊勝的智慧，或已點燃我們認識此世界與他世界的智慧之光。

諸比丘！什麼是正見？諸比丘！有兩種正見：一種是諸漏（煩惱）未盡之正見，它雖能生起功德，卻仍會導致執著。另一種是諸漏已盡之正見，它超越世間，且為聖道之要素。什麼是諸漏未盡之正見？即贊成布施、供養、法會供養；認為善、惡之行有果報；認為此世界存在，他世界亦存在；認為眾生既有父母所生，亦有自然化生；認為有沙門或婆羅門已圓滿聖道，或行於正道，或已親證殊勝的智慧，或已點燃我們認識此世界與他世界的智慧之光。

什麼是諸漏已盡之正見？即智慧，慧為五根、五力之一，作為覺支即擇法覺支，此為聖者、諸漏已盡者、已知聖道且行於聖道者所具足。諸比丘！此為正見，為聖人之道，諸漏已盡，超越世間，且為聖道之支分。

凡努力捨離邪見、樹立正見者即具備正精進，藉由正念而捨離邪見，安住正見者即具備正念。如是有三法隨轉於正見，即正見、正精進、正念。

在以下的範例中，首先出現的是正見。為何正見首先出現？當邪思惟生起並了知它是邪思惟，這就是正見；當正思惟生起並了知它是正思惟，這也是正見。什麼是邪思惟？

即貪思惟、瞋思惟、害思惟。

什麼是正思惟？諸比丘！有兩種正思惟：一種是諸漏未盡之正思惟，它雖能生起功德，卻仍會導致執著。另一種是諸漏已盡之正思惟，它超越世間，且為聖道的要素。什麼是諸漏未盡之正思惟？即無貪思惟、無瞋思惟、無害思惟，它能生起功德，卻仍會導致執著。

什麼是諸漏已盡、超越世間，且為聖道要素的聖正思惟？即思擇、思惟、專注、細專注、心之專精、語行，此為聖者、諸漏已盡者、已知聖道且行於聖道者所具足。諸比丘！此為正思惟，為聖人之道，諸漏已盡，超越世間，且為聖道之支分。

凡努力捨離邪思惟、樹立正思惟者即具備正精進，藉由正念而捨離邪思惟，安住正思惟者即具備正念。如是有三法隨轉於正思惟，即正見、正精進、正念。

在以下的範例中，首先出現的是正見。為何正見首先出現？當邪語生起並了知它是邪語，這就是正見；當正語生起並了知它是正語，這也是正見。什麼是邪語？即妄語、兩舌、惡口、綺語。

什麼是正語？諸比丘！有兩種正語：一種是諸漏未盡之正語，一種是諸漏已盡之聖正語。什麼是諸漏未盡之正語？即不妄語、不兩舌、不惡口、不綺語。

什麼是諸漏已盡之正語？即抑止、斷除、抗拒、遠離四種邪語，此為聖者、諸漏已盡者、已知聖道且行於聖道者所具足。

在以下的範例中，首先出現的是正見。為何正見首先出現？當邪業生起並了知它是邪業，這就是正見；當正業生起並了知它是正業，這也是正見。什麼是邪業？即殺生、偷盜、邪淫。

什麼是正業？諸比丘！有兩種正業：一種是諸漏未盡之正業，一種是諸漏已盡之聖正業。什麼是諸漏未盡之正業？即不殺生、不偷盜、不邪淫。

什麼是諸漏已盡之正業？即抑止、斷除、抗拒、遠離三種邪身業，此為聖者、諸漏已盡者、已知聖道且行於聖道者所具足。

凡努力捨離邪業、樹立正業者即具備正精進，藉由正念而捨離邪業，安住正業者即具備正念。如是有三法隨轉於正思惟，即正見、正精進、正念。

在以下的範例中，首先出現的是正見。為何正見首先出現？當邪命生起並了知它是邪命，這就是正見；當正命生起並了知它是正命，這也是正見。什麼是邪命？即以偽善及模稜兩可之言謀生、卜卦算命、詐欺貪財、意圖利上滾利。

什麼是正命？諸比丘！有兩種正命：一種是諸漏未盡之正命，一種是諸漏已盡之聖正命。什麼是諸漏未盡之正命？即聖弟子捨棄邪命、依正命而活。

什麼是諸漏已盡之正命？即抑止、斷除、抗拒、遠離邪命，此為聖者、諸漏已盡者、已知聖道且行於聖道者所具足。

凡努力捨離邪命、樹立正命者即具備正精進，藉由正念而捨離邪命，安住正命者即具備正念。如是有三法隨轉於正思惟，即正見、正精進、正念。

在以下的範例中，首先出現的是正見。為何正見首先出現？具備正見者生起正思惟，具備正思惟者生起正語，具備正語者生起正業，具備正業者生起正命，具備正命者生起正精進，具備正精進者生起正念，具備正念者生起正定，具備正定者生起正慧，具備正慧者生起正解脫。因此，諸比丘！有學人❾之聖道有八支分，無學人之聖道有十支分。

在以下的範例中，首先出現的是正見。為何正見首先出現？具備正見者滅除邪見，亦滅除其餘一切依邪見而生起之種種惡、不善法；而其餘一切依正見而生起之善法，亦得以修持圓滿。

具備正思惟者滅除邪思惟，亦滅除其餘一切依邪思惟而生起之種種惡、不善法，而其餘一切依正思惟而生起之善法，亦得以修持圓滿。

具備正語者滅除邪語，亦滅除其餘一切依邪語而生起之種種惡、不善法，而其餘一切依正語而生起之善法，亦得以修持圓滿。

具備正業者滅除邪業，亦滅除其餘一切依邪業而生起之種種惡、不善法，而其餘一切依正業而生起之善法，亦得以修持圓滿。

具備正命者滅除邪命，亦滅除其餘一切依邪命而生起之種種惡、不善法，而其餘一切依正命而生起之善法，亦得以修持圓滿。

具備正精進者滅除邪精進，亦滅除其餘一切依邪精進而生起之種種惡、不善法，而其餘一切依正精進而生起之善法，亦得以修持圓滿。

具備正念者滅除邪念，亦滅除其餘一切依邪念而生起之種種惡、不善法，而其餘一切依正念而生起之善法，亦得以修持圓滿。

具備正定者滅除邪定，亦滅除其餘一切依邪定而生起之種種惡、不善法，而其餘一切依正定而生起之善法，亦得以修持圓滿。

具備正慧者滅除邪慧，亦滅除其餘一切依邪慧而生起之種種惡、不善法，而其餘一切依正慧而生起之善法，亦得以修持圓滿。

具備正解脫者滅除邪解脫，亦滅除其餘一切依邪解脫而生起之種種惡、不善法，而其餘一切依正解脫而生起之善法，亦得以修持圓滿。

如是，諸比丘！助成善法有二十支分，助成不善法有二十支分。開示此大四十之法輪已啟動，世間任何沙門、婆羅門、天、魔、梵天或任何人都無法阻止此法輪的轉動。

《正見經》

如是我聞。有次世尊住於舍衛城附近祇陀林中的給孤獨園。當時舍利弗尊者招呼眾比丘，眾比丘亦恭敬回應：「善友舍利弗！」

舍利弗尊者對眾比丘說：「聖弟子如何修持正見——正直之見？如何對法具備不動搖的信心？如何達到正法？」

「善友舍利弗！我們長途跋涉來到您面前，很樂意學習您剛才這番話的含意。請您解說，我們聽聞您的教導後將會謹記在心。」

舍利弗回答：

那麼，諸善友！請專心傾聽我以下的解說。諸善友！當聖弟子明瞭不善與不善根，亦明瞭善與善根時，此聖弟子即具有正見——正直之見，對法具備不動搖的信心，且達到正法。

諸善友！殺生、偷盜、邪淫是不善，妄語、兩舌、惡口、綺語是不善，貪欲、惡意、邪見是不善；而不善根是貪、瞋、癡。

不殺生、不偷盜、不邪淫是善，不妄語、不兩舌、不惡口、不綺語是善，不貪、不瞋恚、修習正見是善；而善根是無貪、無瞋、無癡。

當聖弟子了知不善與不善根，亦了知善與善根時，即能完全轉化貪隨眠⓫，除去瞋隨眠，斷除我見隨眠，能轉化無明，令生起明（了知），並就在今生此刻滅苦。

眾比丘歡喜說道：「說得好，善友！」他們又問：「關於聖弟子如何修習正見等方面，是否還有其他的教導呢？」

舍利弗回答：

諸善友！當聖弟子了知食、食之集、食之滅與滅食之道時，此聖弟子即具有正見。諸善友！有四種食支持已出生之有情與尋求再生之有情，此四者為或粗或細之摶食、觸食、思食、識食。貪生起之處，食亦生起；貪滅時，食亦滅。滅食之道即八聖道。當聖弟子如是了知時，即能完全轉化這些隨眠。

另有一種關於正見的教導：當聖弟子了知苦、苦之集、苦之滅與滅苦之道時，此聖弟子即具有正見。生、老、病、死、憂、悲、苦、愁、惱是苦，所求不得是苦；總而言之，執取五蘊即是苦。苦之集是由於對再生的渴愛，伴隨這種渴愛的是到處享受、執著各種欲樂，即欲愛、有愛、無有愛。苦之滅是滅貪愛，滅妄想，捨棄、放下、解脫、不住於貪愛的對象。滅苦之道即八聖道。

另有一種關於正見的教導：當聖弟子了知老死、老死之集、老死之滅與滅老死之道時，此聖弟子即具有正見。老，是眾生界中眾生的衰老，包括齒牙脫落、雞皮鶴髮、氣力衰落、感官退化。死，是眾生從各個眾生界消逝、投生其他生界、色身分體、消失、死亡、壽命終結、五蘊壞散，色身委地。生生起之處，老死亦生起；生滅，老死亦滅。滅老死之道即八聖道。

另有一種關於正見的教導：當聖弟子了知生、生之集、生之滅與滅生之道時，此聖弟子即具有正見。生，是眾生界中眾生的出生、出現、再生、五蘊顯現、具備感官與感官對象。有生起之處，生亦生起；有滅，生亦滅。滅生之道即八聖道。

另有一種關於正見的教導：當聖弟子了知有、有之集、有之滅與滅有之道時，此聖弟子即具有正見。有三種有：欲界有、色界有、無色界有。取生起之處，有亦生起；取滅，有亦滅。滅有之道即八聖道。

另有一種關於正見的教導：當聖弟子了知取、取之集、取之滅與滅取之道時，此聖弟子即具有正見。有四種取：欲取、見取、戒禁取、我語取⑫。愛生起之處，取亦生起；愛滅，取亦滅。取滅之道即八聖道。

另有一種關於正見的教導：當聖弟子了知愛、愛之集、愛之滅與滅愛之道時，此聖弟子即具有正見。有六種愛：色愛、聲愛、香愛、味愛、觸愛、法愛。受生起之處，愛亦生起；受滅，愛亦滅。滅愛之道即八聖道。

另有一種關於正見的教導：當聖弟子了知受、受之集、受之滅與滅受之道時，此聖弟子即具有正見。有六種受：眼觸所生受、耳觸所生受、鼻觸所生受、舌觸所生受、身觸所生受、意觸所生受。觸生起之處，受亦生起；觸滅，受亦滅。滅受之道即八聖道。

另有一種關於正見的教導：當聖弟子了知觸、觸之集、觸之滅與滅觸之道時，此聖弟子即具有正見。有六種觸：眼觸、耳觸、鼻觸、舌觸、身觸、意觸。六入及其對象生起處，觸亦生起；六入及其對象滅，觸亦滅。滅觸之道即八聖道。

另有一種關於正見的教導：當聖弟子了知六入、六入之集、六入之滅與滅六入之道時，此聖弟子即具有正見。六入即眼、耳、鼻、舌、身、意。名色生起處，六入亦生起；名色滅，六入亦滅。六入滅之道即八聖道。

另有一種關於正見的教導：當聖弟子了知名色、名色之集、名色之滅與滅名色之道時，此聖弟子即具有正見。名包括受、想、思、觸與作意；色包括四大種與四大種所造色⑬。識生起處，名色亦生起；識滅，名色亦滅。滅名色之道即八聖道。

另有一種關於正見的教導：當聖弟子了知識、識之集、識之滅與滅識之道時，此聖弟子即具有正見。有六種識：眼識、耳識、鼻識、舌識、身識、意識。行生起處，識亦生起；行滅，識亦滅。滅識之道即八聖道。

另有一種關於正見的教導：當聖弟子了知行、行之集、行之滅與滅行之道時，此聖弟子即具有正見。有三種行：身行、語行、意行。無明生起處，行亦生起；無明滅，行亦滅。滅行之道即八聖道。

另有一種關於正見的教導：當聖弟子了知無明、無明之集、無明之滅與滅無明之道時，此聖弟子即具有正見。無明，即無法辨別苦、苦之集、苦之滅與滅苦之道。漏（煩惱）生起處，無明亦生起；漏滅，無明亦滅。無明滅之道即八聖道。

另有一種關於正見的教導：當聖弟子了知漏、漏之集、漏之滅與滅漏之道時，此聖弟子即具有正見。有三種漏：欲漏、有漏、無明漏⓮。無明生起處，三漏亦生起；無明滅，三漏亦滅。滅漏之道即八聖道。

《中部》第9經

【註釋】①為原註，❶為譯註

第一部

第一章

❶…參見《維摩詰所說經．文殊師利問疾品第五》：「以一切眾生病，是故我病；若一切眾生病滅，則我病滅。所以者何？菩薩為眾生故入生死，有生死則有病；若眾生得離病者，則菩薩無復病。」（《大正藏》冊14，頁544b）。

②…"The Fruit of Awareness Is Ripe," 摘錄自一行禪師詩集《以真名喚我》（*Call Me By My True Names*, Berkeley: Parallax Press, 1993, p.59）

第二章

❸…法眼（dhamma-cakkhu）：是指「有關法（緣起道理）的智慧之眼」，生起法眼即指能充分理解四諦或緣起法，而證悟得初果（須陀洹）。

❹…即一般所稱的「阿若憍陳如」（Aññāta Kondañña）——憍陳如是已知法的人。「阿若」（Aññāta）意指「了知」、「已知」。

⑤…參見第四章註⑯。

⑥…《相應部》第五冊〈大品．諦相應〉，頁420，巴利聖典協會版（*Samyutta Nikaya V*, 420）：全文參見第四部第一經。另見《佛說轉法輪經》與《佛說三轉法輪經》（《大正藏》第109經及110經）。「經」（梵文sutra，巴利語sutta），意指佛陀或其證悟弟子所說之法。

第三章

❼…「大般涅槃」的意思是大入滅息、大滅度或大圓寂，意指佛陀度世已畢，最後達到偉大的安息狀態。

⑧…「正」（巴利語samma；梵文samyak），此字在原語中是副詞，意為「正確地」、「正直地」、「端正地」，不彎曲歪斜。以正念為例，那表示有正確、端正與有益的攝念之道，而邪念意指有錯誤、扭曲與無益的修行之道。我們進入八正道，學習有益的修行之道，也就是「正確

地」修行道。「正」、「邪」並非道德評斷，也不是外來強加的專制標準，我們透過自身的覺知，發現何者是「正」（有益的）或「邪」（無益的）。

第四章

⑨…根據佛教心理學，我們的心識共分為八部分，包括意識（manovijnana）與藏識（alayavijnana，阿賴耶識）。藏識被描述為可含藏各類種子的田地，無論是痛苦、悲傷、恐懼、憤怒或快樂、希望的種子。當這些種子發芽時就顯現在我們的意識中，此時它們變得更有力量。參見第三部第九章【圖五】。

⑩…摘自一行禪師《以真名喚我》（*Call Me By My True Names*）之Cuckoo Telephone, p.176。

⑪…《中阿含・阿梨吒經》（*Arittha Sutta*），相當於《蛇喻經》（*Discourse on the Example of a Snake*，《中部》第22經）。參見Thich Nhat Hanh, *Thundering Silence: Sutra on Knowing the Better Way to Catch a Snake*（Berkeley: Parallax Press, 1993）, p.47-49。〔譯按：《阿梨吒經》，《大正藏》冊1，頁763-766。〕

⑫…《薩迦大經》（*Mahasaccaka Sutta*，《中部》第36經）。

⑬…《想念止息經》（*Vitakka Santhana Sutta*，《中部》第20經）。同一段經文也插入於說一切有部所傳的佛陀對正念的教示——《中阿含・念處經》（《大正藏》冊1，第26經）。

⑭…普拉克里特語（Prakrit）是巴利語所屬的「中期印度亞利安語」的總稱，這是與古典梵語相對的語言，是沒有人為規定的自然語、俗語、民眾語。

⑮…參見一行禪師之*Cultivating the Mind of Love: The Practice of Looking Deeply in the Mahayana Buddhist Tradition*（Berkeley: Parallax Press, 1996）；中譯本《與生命相約》，橡樹林文化出版，城邦文化發行，2002年。

⑯…「魔」（Mara）象徵障礙修行的種種內在因素，是每個人內在佛性的反面。

⑰…引自《續燈正統》卷十一（《萬續藏》冊84，頁473a）。

⑱…《相應部》（*Samyutta Nikaya*）, XIV, 10（譯按：原書所引出處有誤，應為《相應部》第四冊〈六處品・無記說相應〉，巴利聖典協會版*Samyutta Nikaya*, IV, 400）。

第五章

⑲…《雜阿含經》第262經。

⑳…「三法印」有時英譯為The Three Marks of Existence，意即「三個存在的標誌」，因為這三者出現在一切存在的事物中。

㉑…《雜阿含經》第262經（《大正藏》第99經）。

㉒…《大智度論》（*Mahaprajñaparamita Shastra*）。參見Étienne Lamotte, *Le Traité de La Grande Vertu de Sagesse*

(Louvain, Belgium: Institut Orientaliste, 1949)。

㉓…六根包括眼、耳、鼻、舌、身、意。

㉔…五蘊是構成一個人的要素，亦即色、受、想、行、識。參見第三部第七章。

㉕…《相應部》第五冊〈大品・入出息相應〉，頁326，巴利聖典協會版（*Samyutta Nikaya* V, 326）及其他多處。

第六章

㉖…《四十二章經》（《大正藏》第789經。譯按：應為第784經。此段漢譯經文為：「吾法……修無修修。」引自蕅益大師所著的《四十二章經解》。）

第七章

㉗…佛陀轉四諦法輪時，每一聖諦都依三個項度解說（即示轉、勸轉與證轉），每一轉各具四種行相，合起來共有十二行相，故稱「三轉十二行相」。

㉘…《大正藏》冊2，頁504b。

㉙…「有漏」是指「有」的煩惱，指投生欲界、色界、無色界三有的因。

㉚…「無漏」是指斷除一切有漏，即阿羅漢的境界。

㉛…《相應部》第二冊〈因緣品・因緣相應〉，頁47，巴利聖典協會版 *Samyutta Nikaya*, II, 47）。譯按：原經文為：「世尊！人以真實智慧如實見此已生……人以真實智慧如實見此因如是食而生。以真實智慧如此見『此』因如是食而生後，此人就已踏上通往厭離、離欲、滅盡因食而生的道路。」其實此經主要是佛陀出題，舍利弗回答。但因其回答獲得佛陀認可，故此處歸為佛說，亦無不可。另見第四部《正見經》。

㉜…《雜阿含經》第373經（《子肉經》，《大正藏》冊2，第99經，頁102b）。另見《相應部》第二冊〈因緣品・因緣相應〉，頁97，巴利聖典協會版（*Samyutta Nikaya*, II, 97）。

㉝…參見一行禪師之*For a Future To Be Possible: Commentaries on the Five Mindfulness Trainings*（修訂版）（Berkeley: Parallax Press, 1998）。另見本書第二部第四、五章。〔譯按：一行禪師以「正念五學處」來代替傳統「五戒」一詞，正念第一學處至第五學處分別是尊重生命（不殺生戒）、布施（不偷盜戒）、性倫理（不邪淫戒）、諦聽與愛語（不妄語戒）、正念地飲食與消費（不飲酒戒）。〕

㉞…陳太宗（1225-1258）為越南陳朝（1225-1400）前期的皇帝，早年曾受教於由中國赴越的臨濟宗天封禪師，又從宋朝禪師德誠參學，具禪師身分，又稱「調禦覺皇」。著有《課虛錄》，為竹林禪派的基本著作。

㉟…此語出自大珠慧海禪師。參見《景德傳燈錄》，《大正藏》冊51，頁247c。

㊱…出自《論語・為政》第二，但此段話應為「吾十有五而志於學，三十而立，四十而不惑，五十而知天命，六十

而耳順，七十而從心所欲不踰矩。」

㊲…《四十二章經》：「吾法念無念、行無行行、言無言言、修無修修，會者近爾，迷者遠乎！」（引自蕅益大師《四十二章經解》）

第八章

㊳…此公案為日本臨濟宗白隱禪師所創，以「什麼是單手拍擊的聲音？」引導弟子參悟。

㊴…《相應部》第五冊〈大品．諦相應．憍梵波提經〉，頁436，巴利聖典協會版（*Saṃyutta Nikaya*, V, 436）。

㊵…《相應部》第二冊〈因緣品．因緣相應〉，頁47，巴利聖典協會版（*Saṃyutta Nikaya*, II, 47）。

第二部

導論：八聖道

①…《大般涅槃經》（*Mahaparinibbana Sutta*，《長部》第16經）。

②…關於「正」一字的用法，參見第一部第三章註⑧。

第一章

③…參見第一部第七章；另見第四部《正見經》。

④…有關藏識的解說，參見第一部第四章註⑨。

⑤…參見一行禪師之 *For a Future To Be Possible*。

⑥…參見一行禪師之 *The Diamond That Cuts through Illusion: Commentaries on the Prajñaparamita Diamond Sutra* (Berkeley: Parallax Press, 1992).

⑦…參見《蜜丸經》（*The Honeyball Sutra*，《中部》第18經）。

第二章

❽…參見《宗鏡錄》，《大正藏》冊48，頁631b。

⑨…《除妄念經》（*Vitakkasanthana Sutta*，《中部》第20經）。

第三章

❿…聖靈或聖神（the Holy Spirit）本為基督教「三位一體」教義中上帝的第三個位格，為無形的靈體，和其他聖父、聖子兩個位格是同一本質。

⓫…「遍行」心所是指此心所於一切心中都會生起，它們執行認知過程中最基本且重要的作用，若缺少它們，心就不可能認知對象。

⓬…《翹傳》或《金雲翹傳》（在越南通常稱為《傳翹》），越南詩人阮攸（1765-1820）根據中國小說所作的長篇敘事詩，詩名取作品中三位主角金重、王翠雲、王翠翹姓名的各一字。全詩以越南民族文字「喃」（Nom）字寫成，共三千二百五十四行，被推為越南文學中的經典作品。

「喃」是越南的「本國語書體」，於西元九三九年由學者所創。十至二十世紀間，許多越南文學、哲學、歷史、法律、醫學、宗教與官方政策，都是以「喃」書寫而成。

⑬……《中部》第10經，漢譯佛典為《中阿含經》第98經。參見一行禪師之*Transformation and Healing: Sutra on the Four Establishments of Mindfulness*（Berkeley: Parallax Press, 1990）；中譯本《生命的轉化與療救》，北京宗教文化出版社，2003年。

⑭……《入出息念經》（《中部》，第118經）。參見一行禪師之*Breathe! You Are Alive: Sutra on the Full Awareness of Breathing*（Berkeley: Parallax Press, 1996）。早在第三世紀，越南就有《安般守意經》，越南第一位禪修祖師康僧會曾為此經寫序，現今仍收錄於漢傳大藏經中。

⑮……《一夜賢者經》（《中部》，第131經）。參見一行禪師之*Our Appointment with Life: The Buddha's Teaching on Living in the Present*（Berkeley: Parallax Press, 1990）.

⑯……《中部》第119經。

⑰……地、水、火、風四界是色法不可分離的主要元素，這四大元素因「持有自性」，所以稱為「界」。「內地界」是指身體內堅硬的部分，包括髮、毛等；「外地界」是指大地。「內水界」是指身體內的水、似水的（液體）部分，包括痰、血等；「外水界」是指溪河、海洋等。「內火界」是指身體內的火、似火的（熱）部分，包括因它而熱者、消化食物等；「外火界」是指能燃燒的火。「內風界」是指身體內的風、似風的（氣體）部分，包括腹內（外）風、入（出）息風等；「外風界」是指外在的風。

⑱……參見一行禪師之*Breathe! You Are Alive*。

⑲……「行」（samskara）一詞在不同的地方有不同的含意：（一）行法：是指「有為法」，即因緣和合而成之法。（二）五蘊中的行蘊：是指五十個心所，與心同時生起，執行個別的作用，以認知對象。（三）十二緣起中的「行」：是指能造善、惡業的「思」心所。

⑳……隨煩惱：具破壞性的障礙，屬於較小的煩惱。

㉑……諂：心的諂曲，源於邪見，為取悅他人的心意，不表現出自己的本來狀態，故意矯揉造作。

㉒……覆：心的覆藏，源於貪或癡煩惱，對自己所作的罪惡，恐怕別人知道而失去利養，便以種種方法將它隱藏起來。

㉓……憍：心的驕傲，源於貪煩惱，內心自舉，貪著自己的一切，以為自己勝於他人。

㉔……掉舉：心的散亂，源於困擾的念頭，有導致心、心所不寧靜的作用。

㉕……七覺支包括念覺支、擇法覺支、精進覺支、喜覺支、輕安覺支、定覺支、以及捨覺支。參見第三部第十章。

㉖……淨土宗以觀想阿彌陀佛（念佛觀）取代慈悲觀。其實，當我們觀想阿彌陀佛時，正是以慈愛與悲心來觀察，因

任何一尊佛都是慈愛與悲心的化身。持誦佛的名號代表何意呢？其含意是邀請一個珍貴的人進入自家的客廳。每當佛的種子於意識中現行，那就是播下愛與智慧的種子；若請魔進門，那就不會栽種這些種子了。正念最重要的意義，就是記得我們內在的佛性。

㉗…《中部》第115經。

㉘…nekkhama（離欲）是巴利語，此字無對應的梵文，我們不知梵文原典使用哪個字，因為此經的梵文文獻皆已散失。

㉙…根據《法華經．普門品》，若能正念於大悲觀世音菩薩，就可把即將焚燒到身上的烈燄轉化成清涼的蓮池。（譯按：參見《妙法蓮華經》：「假使興害意，推落大火坑，念彼觀音力，火坑變成池。」《大正藏》冊9，頁57c。）

㉚…關於歷史、究竟這兩種向度（即天台宗智者大師分判的本、迹二門）的闡述，參見一行禪師作品《經王法華經》，橡實文化，2007年。

㉛…實相般若是萬行之本，容受萬品，故名為「體大」。

㉜…為了讓世人知道佛教徒在越南的艱困處境，釋廣德參與恢復人權與宗教自由的非暴力抗爭，卻仍無法停止政府對佛教徒的迫害，於是一九六三年在西貢市堤岸區（Cholon）引火自焚。詳見一行禪師作品《經王法華經》，第十九章。

㉝…參見一行禪師之*For a Future To Be Possible*。另見第二部第五章。

第四章

㉞…參見一行禪師之*For a Future To Be Possible*。另見第二部第五章。

㉟…「結使」又作「結」，即是煩惱。結是指繫縛，因煩惱會繫縛眾生於生死輪迴而不得出離，故有此異稱。

㊱…參見《雜阿含經》第785經與《中部》第785經。另見一行禪師之*For a Future To Be Possible*。

㊲…參見一行禪師文集*Present Moment Wonderful Moment: Mindfulness Verses for Daily Living*（Berkeley: Parallax Press, 1990）, p.69。

㊳…無言通禪師（Vô Ngôn Thông），卒於西元八二六年。（譯按：無言通為唐朝僧人，從學百丈懷海禪師。西元八二〇年至越南創立「無言通」禪派，又稱「觀壁派」，傳授禪法，修習面壁禪觀。）

㊴…此語出典應為《維摩詰所說經．入不二法門品》，是時維摩詰居士問諸大菩薩如何入不二法門，三十一位菩薩各自陳述後，文殊菩薩說：「於一切法無言無說，無示無識，離諸問答，是為入不二法門。」言畢反問維摩詰居士，而居士默然以對。此時文殊菩薩大為讚嘆，稱此無有文字語言之默然為真入不二法門（《大正藏》冊14，

頁551c）。因為這段經文，而有「維摩一默，其響如雷」之說。

㊵…語出《論語．陽貨篇》：「子曰：『予欲無言。』子貢曰：『子如不言，則小子何述焉？』子曰：『天何言哉？四時行焉，百物生焉，天何言哉？』」

第五章

㊶…正念第四學處和正語有關。參見第二部第四章。

第六章

㊷…即懷讓大師（677-744）。

㊸…蘇那（Sona）比丘亦名「首樓那億耳」，一般認為他出生於印度西海岸一個稱為阿波蘭多（Aparanta）的國家。

㊹…*Vinaya Mahavagga Khuddaka Nikaya* 5.（譯按：此處佛陀與蘇那比丘的對話應出自於《增支部．六品》第55經《蘇那經》。）

㊺…七覺支是念、擇法、精進、喜、輕安、定和捨。參見第三部第十章。

㊻…摘自"Encouraging Words"，一行禪師之*Stepping into Freedom: An Introduction to Buddhist Monastic Training*（Berkeley: Parallax Press, 1997）, p.89-97。潙山（771-853）是唐代偉大禪師之一。

㊼…參見一行禪師之*Present Moment Wonderful Moment*, p.3。

第七章

㊽…「等」是均等、平等，「持」是安止、保持，「等持」是指心遠離昏沉、掉舉，平等正住，安止於一境而不散亂的狀態。

㊾…因正心所起的正行，合於法的依處，所以稱為「正心行處」。

㊿…此詩為越南禪師香海（Huong Hai, 1628-1715）所作。（譯按：文中所引詩句是依英文所譯。）

(51)…阮攸（Nguyen Du, 1765-1820），越南詩人及作家，長篇敘事詩《金雲翹傳》為其名作之一，奠定他在越南文壇的地位。

(52)…無想定與滅受想定不同，前者依色界第四禪而修，修行者特重厭離想而不重於受，能滅第六識分別之見，不能滅第七識執我之見。至於「滅受想定」則依無色界非想非非想處地而修，厭離受與想兩者，能滅第六識分別之見與第七識執我之見。

(53)…關於這一點，詳見第三部第十一章。

第三部

第一章

❶…有關「非行動」與「非修行」，參見第一部第七章註㊲。

②…參見一行禪師文集《般若之心》（*The Heart of Understanding: Commentaries on the Prajñaparamita Heart Sutra*, Berkeley: Parallax Press, 1988）。

③…關於此句的詳盡解說，參見本章與下一章。

④…《增一阿含》卷18。（譯按：此偈出自《大般涅槃經》卷14，《大正藏》冊12，頁450a、451a）

⑤…如茶壺或花之類的「色行」（rupa-samskara，以形色為因緣條件的事物）可被肉眼所見，如憤怒或悲傷之類的「心行」（citta-samskara，以心為因緣條件的事物）則是心理的現象。

❻…即《金剛經》所提及的我、人、眾生、壽者四種概念。

第二章

⑦…南傳佛教通常稱無常、苦、無我為「三法印」，但在《雜阿含》中，佛陀宣說無常、無我及涅槃為三法印。關於本書作者為何捨苦而取涅槃為「三法印」之一，詳見第一部第四章與第五章。

⑧…參見一行禪師文集《般若之心》。

❾…拉瓦錫（Antoine Lavoisier, 1743-1794），十八世紀法國化學家，氧的發現者，有「現代化學之父」之稱。與此處引文相關者，應為拉瓦錫提出的「質量不滅定律」。

❿…參見《中論》皈敬偈：「不生亦不滅，不常亦不斷，不一亦不異，不來亦不出。能說是因緣，善滅諸戲論，我稽首禮佛，諸說中第一。」《大正藏》冊30，頁1。）

⑪…摘自一行禪師詩集《以真名喚我》之"Butterflies Over the Golden Mustard Fields."（Berkeley, CA: Parallax Press, 1999）, p.75。

⑫…《四十二章經》，《大正藏》經號789。（譯按：此經在《大正藏》中為第784經。但此處所引是出自蕅益大師《四十二章經解》，參見第一部第七章註㊲）。

⑬…《大品優婆塞經》（*Upasaka Sutra*，《中阿含》第128經），另見《增支部》第三冊，頁211起。參見一行禪師作品 *For a Future To Be Possible*, p.199- 247。

⑭…參見一行禪師作品 *Cultivating the Mind of Love*。

第三章

⑮…即無常、無我與涅槃。參見第三部第二章。

⑯…南傳佛教雖不強調這項勝妙的教理，但確有「三解脫門」之說。

⑰…參見第二部第七章「正定」。

⓲…根據相互依存的原則，天空在大海中，大海在天空中，兩者相互依存、相互融攝。

⑲…關於「如來」的定義，另見第三部第四章註㉔。

⑳…這位弟子是越南李朝（1010- 1225）的工部尚書段文欽。

㉑…參見一行禪師著作*Present Moment Wonderful Moment,* p.3。

第四章

㉒…摘自一行禪師著作*Present Moment Wonderful Moment,* p.4。

㉓…參見一行禪師詩集《以真名喚我》之"Beckoning",p.107。

㉔…「如來」是佛的名號之一，意即「來自如實本性世界（究竟實相）者」。

第五章

㉕…「信念之躍」(leap of faith)是十九世紀丹麥哲學家齊克果（Kierkegaard）所用的隱喻，指對於情況不明的客觀事物的信任，特別是基督教徒對上帝的信仰。齊克果認為，在上帝和世人中間有道鴻溝，只有信念才能使人跨越鴻溝。

㉖…關於五蘊，即組成「我」的成分，詳細解說參見第三部第七章。

㉗…關於「法寶」的進一步闡釋，參見第三部第四章。

㉘…關於「如來」，參見第三部第四章註㉔。

㉙…漢地朝暮課誦的皈依詞如下：「自皈依佛，當願眾生，體解大道，發無上心。自皈依法，當願眾生，深入經藏，智慧如海。自皈依僧，當願眾生，統理大眾，一切無礙。」

第六章

㉚…《說處經》(《中阿含經》第86經，《大正藏》第26經)。

㉛…《雜阿含經》第744經，《大正藏》冊2，第26經。（譯按：第743經與第744經都與四無量心有關，但本章此處所說的內容較接近第743經，卻又不完全相同。）

㉜…漢譯佛典中，Maitreya通常音譯為「彌勒」，意譯為「慈氏」。

㉝…passion源於拉丁文，衍生自pati(受苦)一詞。

㉞…upeksha是名詞，源於動詞upeksh，而此動詞由詞首upa加上詞根iksh組成。

㉟…參見第二部第七章。

㊱…關於四無量心與相關教理的完整解說，可參見一行禪師之*Teachings on Love*（Berkeley: Parallax Press, 1997）；中譯本《你可以，愛——慈悲喜捨的修行》，橡樹林文化出版，城邦文化發行，2007年。

第七章

㊲…參見第一部第七章。

㊳…《寶積經》第二十三品（譯按：應出自第四十三品《普明菩薩會》，《大正藏》冊11，頁635。）

㊴…「六塵」指色、聲、香、味、觸、法等六種感官對象。

第八章

㊵…關於「信」，詳見第三部第五章。

㊶…關於「精進」，詳見第二部第六章，以及第三部第十章。

㊷…關於「念」，詳見第二部第三章。

㊸…關於「定」，詳見第二部第七章。

㊹…關於「慧」，詳見第三部第九章。

㊺…參見第三部第十一章。

㊻…憍慢有三種：（一）自以為比他人優秀；（二）自以為比他人低劣；（三）自以為與他人一樣優秀。此處的自卑感屬於第二種。

㊼…參見第二部第三章註㉜。

㊽…《相應部．諸天相應》（*Devatā-saṃyutta*），另見《迦旃延一夜賢者經》（*Kaccāna-bhaddekaratta Sutta*，《中部》第133經）與《溫泉林天經》（《中阿含經》第165經，《大正藏》冊1，頁696b）。

第九章

㊾…參見任何一種《本生經故事》的譯本。

㊿…關於正念五學處，詳見第二部第四、五章論及正語與正業的部分。另見一行禪師著作 *For a Future To Be Possible.*

51…夏安居即是僧眾於雨季期間為期三個月的閉關。

52…《舍利弗獅子吼經》〔《增支部》九集，第十一（安居）住〕。另見《大般涅槃經》。

53…佛陀也教授慈、悲、喜、捨四無量心，以幫助我們擴展心量，如此一來，每當有人讓我們痛苦或對我們不公平時，我們無需感到痛苦。參見第三部第六章；另見一行禪師作品《你可以，愛——慈悲喜捨的修行》。

54…詳見第二部第三章。

55…賤民（untouchable），原文直譯為「不可碰觸者」，印度社會中被排拒於種姓制度之外的人，從事的行業多半是清掃、處理穢物等雜役，極為卑微。

56…偏袒右肩，即披著袈裟時袒露右肩，覆蓋左肩，以示尊敬，為古印度禮節，在佛教中也有便於服勞役的用意。但偏袒右肩在此為僧眾懺悔的程序之一，其餘應行的禮節有右膝著地、合掌、坦白敘述自己違犯的戒律、伏地禮拜等共有五項。

57…一行禪師於一九六〇年代創設這間學校，引導年輕人以慈悲精神投身社會運動。學生畢業後運用所受的訓練，幫助在戰爭中被捕的農民，並幫忙重建遭轟炸的村莊、教導孩童、設立醫藥站，還組織農業合作社。

58…羅伯特．麥克納馬拉（Robert McNamara）是第二次世界大戰時期美國的戰地指揮官，曾在甘迺迪與詹森任內擔任國防部長。

59…《相應部》第五冊〈大品．根相應〉，頁210，巴利聖典協會版（*Saṃyutta Nikāya* V, 210）。

60…關於此「四無量心」，參見第三部第六章。

61…參見第一部第六章。

第十章

62…《華嚴經》：「奇哉！奇哉！大地眾生皆有如來智慧德相，但以妄想執著，不能證得。」

63…《念處經》（*Satipatthana Sutta*）。參見一行禪師作品《生命的轉化與療救》。

64…「阿羅漢果」代表已轉化一切煩惱。

65…參見第三部第六章關於四無量心的說明。

66…《中部》第21經。

67…《中部》第28經。

第十一章

68…《大因緣經》（*Mahanidana Sutta*，《長部》第15經）。

69…《大智度論》：「因緣生法，是名空相，亦名假名，亦名中道……心識處滅，言說亦盡」。（《大正藏》冊25，頁107a。（譯按：另見《中論．觀四諦品》：「眾因緣生法，我說即是無，亦為是假名，亦是中道義。」《大正藏》冊30，頁33b。）

70…三藏，即經（佛陀的教說）、律（行為準則）、論（教理的系統化陳述）。

71…參見第三部第一章。

72…佛陀談論緣起相續最早是出現在《大因緣經》（《長部》第15經），然而，在此經中佛陀只舉出九支緣起，後來的經教中才擴展為十二支。

73…參見一行禪師之*Chanting from the Heart*（Berkeley, CA: Parallax Press, 2013）。

74…詳見《大毘婆沙論》：「復次，世尊為受化者施設緣起，少多不定。謂或有處說一緣起，謂一切有為法總名緣起……。或復有處說二緣起，謂因與果。或復有處說三緣起，謂三世別，或煩惱、業及事為三，無明、愛、取說名煩惱，行、有是業，餘支是事。或復有處說四緣起，謂無明、行、及生、老死……。或復有處說五緣起，謂愛、取、有，及生、老死……。或復有處說六緣起，謂三世中各有因果。或復有處說七緣起，謂無明、行、識、名色、六處、觸、受，後際五支攝入此七……。或復有處說八緣起，謂現在八支，過去未來四支攝入此八……。或復有處說九緣起，如大因緣法門經說。或復有處說十緣起，如城喻經說。或復有處說十一緣起，如智事中說。或復有處說十二緣起，如餘無量契經中說。」（《大藏經》冊27，頁122a-b。）

75…《相應部》第四冊，頁49-50。

76…參見第三部第六章。

第十二章

77…參見第三部第七章。

第四部

《轉法輪經》

❶…欲愛是對感官欲望的強烈執取。有愛即對「有」(存在)的渴愛，以各種的盼望、想像來渴望生命的永恆，是推動生命輪迴的力量，其合理化的形式表現是「常見」。無有愛即對「無有」(不存在)的渴愛，是對存在全然絕望的結果，這種渴愛的表現是「斷見」。

❷…地神是指一種不住在天上而住在地界的神，他們多數住在偏僻之處，如森林、山嶽或塔寺等。

❸…四大天王：欲界六天的第一天，即東方持國天王、南方增長天王、西方廣目天王、北方多聞天王。他們守護佛法與天下，令諸惡鬼神不得侵害眾生。

❹…三十三天：欲界六天的第二天。傳說古時有三十三位為他人福祉而奉獻生命的善男子，死後投生於天界，因而得名。

❺…夜摩天：欲界六天的第三天，生於此天界的諸天，身體輕盈潔淨，互相親愛，享受種種歡樂。

❻…兜率天：欲界六天的第四天，有內、外兩院，兜率內院是即將成佛者的居處，今則為彌勒菩薩的淨土；外院屬欲界天，為天眾的居所，享受欲樂。

❼…化樂天：欲界六天的第五天，此天自變化五塵，而自娛樂，因而得名。

❽…他化自在天：欲界六天的第六天，此天眾生能於他所變化的欲境自在受樂，因而得名。

《大四十經》

❾…「有學」即指證得四種道與果的前三種的聖者，共有七種，最初證得須陀洹道的聖者稱為「見道」的聖者，其後六種稱為「修道」的聖者。「無學」即指證得第四最高阿羅漢果的聖者，是已無可學的學盡者。

❿…參見《聖道經》(《中阿含經》第189經，《大正藏》冊1，頁735b)。

《正見經》

⓫…「隨眠」即指煩惱，它是潛伏於意識流中的微細煩惱，遇境即起。

⓬…「欲取」是指執取感官之欲，「見取」是指執取見解，「戒禁取」是指執取戒律與儀軌，「我語取」是指執取有獨立之自我的信念。

⓭…「四大種」是指地、水、火、風，它們是色法不可分離的主要元素，在它們的組合下，造成了小至微粒子，大至山嶽的一切物質。「四大種所造色」是指源自或依賴

四大種而生起的色法，共有二十四種，如眼淨色、男（女）根色等。

⓮…「欲漏」是指感官欲望之煩惱，「有漏」是指渴望存在之煩惱，「無明漏」是指無知之煩惱。

觀自在系列 BA1009T

佛陀之心：一行禪師佛學講堂【增修新版】

The Heart of the Buddha's Teaching：Transforming Suffering into Peace, Joy, and Liberation

作者——一行禪師
譯者——方怡蓉
責任編輯——于芝峰
特約編輯——莊雪珠、釋見澈、洪禎璐
版面構成——吉松薛爾、中原造像
封面設計——黃聖文

發行人——蘇拾平
總編輯——于芝峰
副總編輯——田哲榮
業務發行——王綬晨、邱紹溢
行銷企劃——陳詩婷

出版——橡實文化 ACORN Publishing
臺北市 105 松山區復興北路 333 號 11 樓之 4
電話：(02)2718-2001 傳真：(02)2719-1308
E-mail 信箱：acorn@andbooks.com.tw
網址：www.acornbooks.com.tw

發行——大雁出版基地
臺北市 105 松山區復興北路 333 號 11 樓之 4
電話：(02)2718-2001 傳真：(02)2718-1258
讀者服務信箱：andbooks@andbooks.com.tw
劃撥帳號：19983379 戶名：大雁文化事業股份有限公司

印刷——中原造像股份有限公司
出版日期——三版一刷 2023 年 9 月
定價——450 元
ISBN——978-626-7313-50-3

佛陀之心：一行禪師的佛法講堂／一行禪師（Thich Nhat Hanh）作；
方怡蓉譯 -- 三版 -- 臺北市：橡實文化出版：大雁出版基地發行，2023.09
296 面：17×22 公分 --（觀自在系列；BA1009T）
譯自：The heart of the Buddha's teaching : transforming suffering into peace, joy & liberation : the four noble truths, the noble eightfold path, and other basic Buddhist teachings
ISBN 978-626-7313-50-3（平裝）

1. CST：佛教修持

225.7　　112012575